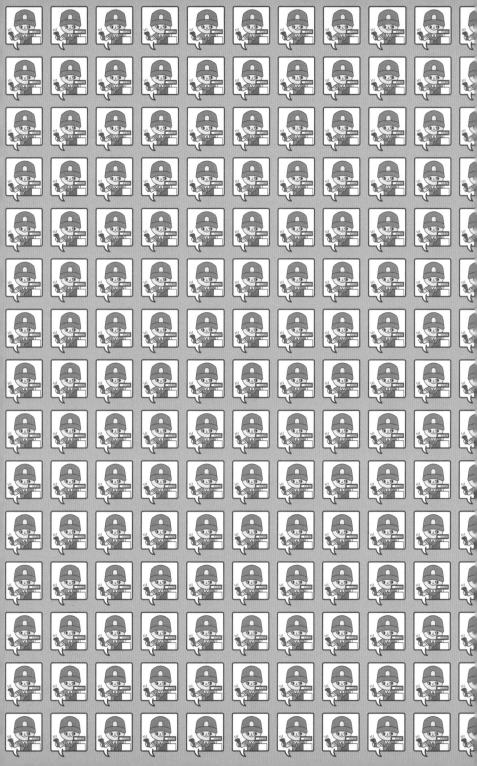

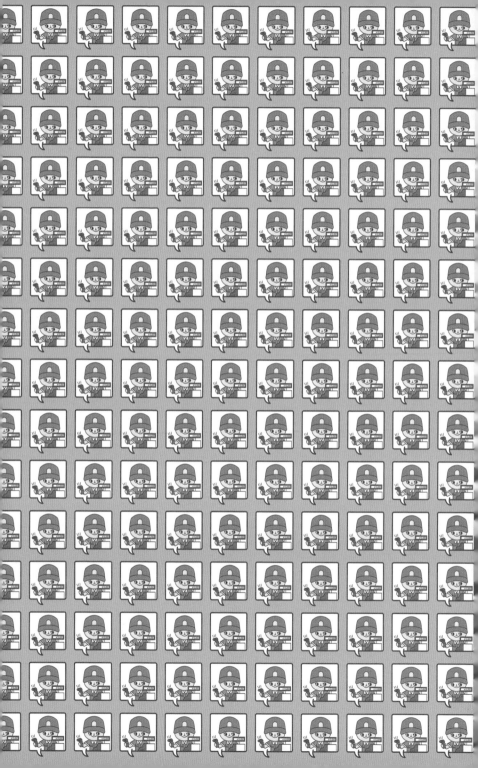

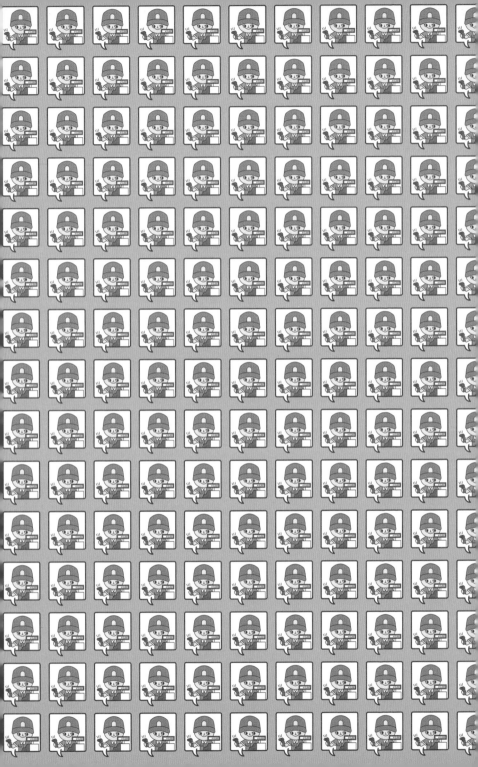

까칠한 백수 삼촌의 최저임금 명강의

최저임금
쫌 아는 10대

구멍을 막자

최저임금 인상을 놓고 말들이 많다. 최저임금 1만 원 공약을 지켜라, 노동자들의 생활임금을 보장해라, 최저임금 인상 때문에 문 닫는 자영업자들이 늘어난다, 최저임금 때문에 중소기업이 힘들다 등등. 이렇게 말이 많은 건 당연한 일이다. 노동자 입장에서는 최저임금이 많이 오르면 좋고, 기업주 입장에서는 안 오르거나 적게 오르면 좋기 때문이다. 물가가 떨어지면 최저임금 인상률이 낮아질 수도 있겠지만 그런 일은 거의 없다. 물가와 직종을 고려해 인상률을 정해야 하니 사회적인 논쟁거리가 될 수밖에 없다. 최저임금 인상률은 그 사회가 노동을 바라보는 수준이기도 하다.

매년 물가가 오르는 만큼 최저임금도 인상되어야 노동자들이 살아갈 수 있다. 상식적으로 생각하면 당연한 일이다. 생활이 가능해야 노동하는 삶이 지속될 수 있고 노동자가 있어야 기업도 돌아가기 때문이다. 기업이 알아서 그런 조건을 맞춰 주면 좋겠지만 대기업, 중소기업, 자영업 등 각자가 처한 상황이 다르기 때문에, 최저임금제도는 말 그대로 최소한의 조건을 보장하기 위해 정부가 만든 제도이다.

한국에 최저임금제도가 법으로 만들어진 것은 1986년 12월이다. 왜 그때일까? 임금을 적게 줘서 경제성장을 하는 방식으론 사회가 유지될 수 없고 노동자들에 대한 복지정책이 필요하다는 판단을 보수적인 정부들도 하기 시작했던 게 그때이기 때문이다. 1987년 민주화운동은 이런 논의를 본격화시켰다.

1987년 민주화운동 이전 한국의 노동자들 상황은 비참했다. 전태일이라는 청년 노동자가 '근로기준법을 만들어라'가 아니라 '근로기준법을 지켜라'라고 외치며 몸을 불사른 지 17년이 지났건만 노동자들의 상황은 별로 달라지지 않았다. 가난과 궁핍이 노동자들의 일상이었다. 하루의 노동시간이 열 시간을 훌쩍 넘었을 뿐 아니라 임금도 생활이 어려울 만큼 매우 낮았다. 처우를 개선하고자 노동조합을 만들던 노동자들은 정부와 기업으로부터 심한 탄압을 받았고, 회사는 마치 군대처럼 노동자들을 조련하려 들었다. 6월의 민주화운동이 성공하고 나서야 노동자들은 7월부터 9월까지 거리로 나와 시위를 벌이며 노동조건 개선을 요구했다.

당시 노동자들의 요구 조건이 그 열악한 사정을 가늠하게 한다. 예를 들어, 1987년 당시 현대그룹 노동자들은 25~30퍼센트 임금 인상과 함께 노동자들 사이의 차별적인 임금체계 철폐, 머리 길이에 대한 통제 폐지, 강제적인 아침체조 중단, 점심식사 개선 등을 요구했다. 한국은 학교와 기업 모두가 군대와 닮았었다.

법률이 제정되었다고 모든 노동자가 최저임금 보장의 혜택을 누렸던 것도 아니다. 처음에는 10인 이상의 제조업 관련 노동자에게만 적용되다 전체 노동자에게 최저임금이 적용된 것은 23년이나 지난 2000년부터였다. 즉, 최저임금제도는 민주주의의 진행 속도에 맞춰서 정착되었다고 볼 수 있다. 애초부터 최저임금제도는 정치적인 제도였고, 기업의 힘이 강했 일할 사람은 많다고!

던 한국 사회에서 노동자들의 권익을 보호하기 위해 만든 제도였다. 그러니 최저임금제도가 정치적이라고 주장하는 건 제도에 대한 비판이 아니라 제도의 취지에 대한 설명이다.

최저임금제도가 모든 노동자에게 적용된다고 해서 문제가 해결된 것도 아니다. 지금도 어떤 이들에게는 최저임금이 최고임금이다. 매년 딱 그만큼만 인상된 임금을 받는다. 이런 최고임금을 받는 이들은 대부분 사회적 약자이다. 청소년, 여성, 노인, 장애인들이 그들이고, 단순 알바라 불리는 불안정한 직업군에 속한 사람들이 바로 약자이다. 너 말고도 일할 사람은 많다는 이유로 극한 상황에 내몰리는 노동자들이 여전히 있다.

그러니 제도는 계속 개선되어야 하고 최저임금도 현실의 변화를 반영해야 한다. 각자가 체감하는 현실이 다르니 변화의 방향과 속도는 사회적인 합의를 거칠 수밖에 없고, 그런 합의를 만드는 것이 바로 정치이다. 그런 의미에서 최저임금제도는 단지 경제 논리만으로 결정될 수 없다. 경제 논리로만 따지면 대기업이 비정규직만 채용하고 위험한 일감을 중소기업에 적은 비용으로 하청을 주는 게 아무런 문제도 되지 않는다. 그러나 이런 사회가 좋은 사회일까? 그런 사회가 지속될 수 있을까?

세월호 참사 이후 한국 사회 곳곳에 뚫린 구멍이 속속 드러나고 있다. 배에 구멍이 나서 물이 밀려드는데, 구멍을 막을 생각은 하지 않고 물을 더 빠른 속도로 퍼내면 배가 가라앉지 않을 거라고 말하는 사람들이 아직 있다. 지금 구멍을 막아야 배가 가라앉지 않을 수 있다.

우리는 지금, 조금 더 안전하고 함께 행복한 사회를 만들고자 노력하는 중이다. 최저임금도 그런 의미의 제도이다.

W10,00

• Chapter 01

최저임금,
누구에게 얼마나

- 일 안 해도 돈을 준다고?
- 쉬어야 일을 하지
- 다른 나라도 최저임금을 줄까?
- 노동권을 보장하지 않는 과로사회, 한국

"삼촌, 주휴수당이 뭐야?"

어머, 이게 얼마 만에 들어 보는 심도 깊은 질문이냐. 맨날 웹툰이나 유튜브 얘기만 하더니.

"웬일로 그런 걸 물어봐."

"내 친구가 주유소에서 알바 하는데 주휴수당 받을 수 있다는 얘기 듣고 사장한테 달라고 했다가 잘렸대. 그러니까 뭔지도 잘 모르면서 왜 달라고 해."

"일주일 주(週), 휴식 휴(休), 주휴. 그러니까 뭐야. 한 주마다 일하면 쉴 시간을 보장해 주는데 수당, 즉 돈을 준다는 이야기지. 잘 쉬라고 주는 돈이 바로 주휴수당이야."

"아니, 쉬는데도 돈을 줘? 왜?"

"너 학교에서 근로기준법 안 배웠지."

"안 배웠지. 아니다, 사회과에서 배웠나. 본 거 같은데 샘이 자세히 설명은 안 해 줬어. 그게 뭔데?"

"아니, 노동자 권리 가르쳐 주지 않을 거면 학생들 알바도 못 뛰게 해야지. 학교란 게 말이야."

"아, 됐고. 잔소리는 그만하고 묻는 말에나 답하라고."

"근로기준법, 근로란 말이 좀 구리긴 한데, 어쨌거나 최소한의 노동조건을 규정해서 노동자의 생활을 보장하기 위한 법이야.[*] 밥도 먹고 잠도 자고 휴식도 하고 해야지 계속 일을 할 수 있잖아. 일하다가 아파서 갑자기 못 나오면 회사도 손해니까 노동자들이 일하는 조건을 잘 만들어 주는 거지."

"아, 그건 됐고. 일을 안 하는데 왜 돈을 주냐고."

"봐라. 노동자가 건강해야 일을 잘하겠지, 안 그래? 일하던 사람이 계속 바뀌면 회사가 잘 굴러가, 안 굴러가? 쉬는 날을 잘 보장해 주면 노동자들이 열심히 일을 해, 안 해? 쉬는 날에도 밥 먹고 군것질도 해야 하는데 그런 비용까지 보장해 주면 일할 맛이 나, 안 나?"

"나겠지. 그래도 일을 안 하는데 돈을 줘?"

"자식이 참 사장처럼 말하네. 네가 왜 사장 걱정을 하냐고. 그리고 주휴수당을 받으려면 일주일에 15시간 이상을 일해야 한다고. 하루 일했다고 받을 수 있는 게 아니라 일주일을 기준으로 받는 돈이야. 그건 그렇고 네 친구 근로계약서 안 썼

<hr>

● 근로기준법은 노동의 기본적인 조건을 정해서 노동자의 기본적인 생활을 보장해 국민경제를 발전시킨다는 목적으로 1953년에 제정된 법률이다. 고용주가 노동자의 성별이나 국적, 신앙 등을 이유로 차별하지 못하도록 규정하고 정당한 노동조건을 정하도록 밝히고 있다. 최저임금제도와 동일한 취지라고 볼 수 있다.

지?"

"모르지. 그건 또 뭔데."

"이래서 학교가 근로기준법을 제대로 가르쳐야 한다니까. 언제부터 언제까지 일을 할지, 어디서 일을 할지, 무슨 일을 할지, 몇 시간 일할지, 일주일 중에 언제 쉴지, 얼마를 받을지, 이런 걸 계약서로 작성하게 되어 있다고. 이걸 미리 하지 않으면 고용주가 500만 원 이하의 벌금을 물게 된다고."

"오, 그럼 그 사장 고발하면 벌금 내는 건가? 바로 알려 줘야겠다."

"잠깐, 원칙대로 하면 그렇지. 그런데 또 이 나라가 청소년들의 권리를 존중하지 않는 나라 아니냐. 신고하면 시간도 많이 걸리고 신경도 많이 써야 할 거야. 그래도 이번에 본때를 보여 주면 사장 생각이 좀 바뀌겠지."

쉬어야 일을 하지

"그런데 계약서를 쓴 사람들이 받는 거면 삼촌 같은 백수들은 못 받겠네?"

"이 싸가지야. 속세에서는 우리를 프리랜서라고 부르지. 자유계약선수, 몰라? 너는 웹툰 많이 보면서 〈송곳〉 같은 웹툰은 안 보냐?"

"아, 됐고. 그런데 그런 게 법에 있다니 신기하네. 우리 엄마도 주휴수당 받는 건가."

"너희 엄마는 월급으로 받지. 월급 받는 사람들은 휴일수당이라고 따로 받는 게 있어. 원래 노동의 대가로 받는 돈을 '기본급'이라 부르고 그 외 추가로 지급되는 걸 '수당'이라고 불러. 월급 받는 사람들은 기본급 외에 여러 가지 수당을 같이 받지. 네 친구처럼 알바 뛰는 경우는 일한 시간만큼 받는 '시급' 외에 주휴수당을 받는 거야. 한 주 40시간을 기준으로 해서 40시간 이상을 일하면 하루치 돈을 받아. 그 이하의 경우는 일한 시간을 40시간으로 나누고 거기에 법정 근로시간인 8시간을 곱해서 하루 평균 근로시간을 정한 다음 거기에 시급을 곱해서 받는 거야.* 알간?"

"오, 그럼 휴일에도 계속 일하면 돈을 더 많이 버는 건가?"

● 시급 8590원(2020년)을 받으며 한 주 40시간, 하루 평균 8시간을 일한 사람의 주휴수당:
1(하루) x 8시간(법정 근로시간) x 8590원(시급) = 6만 8720원
시급 8590원을 받으며 한 주 32시간, 하루 평균 6.4시간을 일한 사람의 주휴수당:
32/40(하루) x 8시간(법정 근로시간) x 8590원(시급) = 5만 4976원

"야, 휴일에도 못 쉬게 일을 시키는 곳이 좋은 회사냐? 그런 건 불법이야. 특히 청소년들에게는. 일주일에 하루 이상을 무조건 쉬게 해 줘야 한다고. 휴일에 안 쉬면 주휴수당이 아니라 대체휴일을 줘서 반드시 휴식시간을 보장해야 해. 너 최저임금은 아냐?"

"최저임금, 가장 싼 임금, 딱 들어도 알겠네."

"그러니까 그게 뭐냐고."

"가장 싼 임금이니 그 밑으로 내려가면 안 된다는 거겠지."

"오, 대박. 맞혔어. 세상에 이런 일이."

"우띠."

"대박. 그러면 2021년 최저임금이 얼마게? 핸드폰 보지 말고."

"요즘 시대에 누가 그런 걸 외우고 다니냐고. 검색하면 바로 나오는데."

"2021년 최저임금이 시간당 8720원이야. 2020년은 8590원이었고."

"대박, 그런 걸 어떻게 외운데."

"야이, 어쨌거나…. 시간당 최저임금을 이렇게 정해 놓고 한 달 월급으로 환산하면 총 209시간 노동에 182만 2480원이 최저임금이 되지. 이걸 누가 정할까?"

"정부가 정하겠지. 아니면 사장들이 모여서 정하나?"

"야이, 그렇게 정하면 최저임금을 무조건 낮게 정하겠지. 고용노동부에 최저임금위원회라는 게 있어. 2000년에 만들어졌는데, 노동자를 대표하는 위원, 고용주를 대표하는 위원, 공익을 대표하는 위원, 이렇게 각각 9명씩 해서 모두 27명으로 구성돼. 이 위원회가 매년 다음 해의 최저임금을 결정해."

"오, 위원회 위원들이 협상해서 결정하는 거야? 그런데 공익을 대표하는 위원은 누구 편이야?"

"정부 공무원도 있고 시민단체 사람도 있고…. 네 말대로 협상하면 쉽게 결정될까?"

"글쎄, 각자 자기 좋은 쪽으로 얘기하다가 끝날 것 같긴 하네. 그럼 어떻게 결정해?"

"27명이 자기 마음대로 결정하는 건 아니고 각자 소속된 회사나 단체를 대변하기도 하고, 여론에도 귀를 기울이겠지."

다른 나라도 최저임금을 줄까?

"오, 이렇게 얘기하니 한국이 매우 합리적인 나라 같은데."

"꿈 깨라. 도입된 게 1988년이고 몇 년 전까지만 해도 정부가 고용주 편을 들어서 노동자들은 제대로 임금을 받지도 못했어. 다른 나라의 최저임금이 얼마일까? 자, 이럴 때 검색 찬스를 쓰는 거야."

"잠깐만. 오, 2018년 최저임금을 검색해 보니 미국은 연방정부 최저임금이 약 7.25달러(8220원)고 각 주별 평균 최저임금이 약 15달러(1만 7000원), 영국은 7.83파운드(1만 2000원), 일본은 874엔(8850원). 다들 한국보다 높네."

"그런데 각 나라 물가가 서로 달라. 너 빅맥지수라고 들어봤냐?"

"아니."

"말 그대로 맥도날드 빅맥 햄버거를 서로 다른 나라에서 얼마에 살 수 있냐는 걸로, 각 나라의 물가를 비교하는 기준이

● 미국은 연방국가라 각 주별로 최저임금이 다르고 연방정부가 정한 최저임금보다 높은 곳도 있고 낮은 곳도 있다. 일본은 후생노동성의 중앙최저임금심의회 소위원회가 전국 평균 최저임금 인상 목표치를 정하면 47개 도도부현이 지자체 형편에 맞게 인상액을 결정한다. 최저임금을 결정하는 방식은 나라마다 조금씩 다르다.

야. 자, 이것도 검색 찬스 줄게, 검색해 봐."

"오. 별게 다 있네. 와, 2018년에 한국이 24위네. 순위가 높으면 물가가 비싸다는 거 아냐?"

"맞아. 순위가 상대적인 물가의 등수지. 빅맥지수만이 아니야. 영국의 〈이코노미스트〉가 매년 전세계생활비보고서를 발표하는데, 기준이 미국 뉴욕시야. 거기를 100으로 잡고 전 세계의 도시들을 비교하는데, 서울이 무려 6위야. 스위스 제네바랑 공동 6위, 점수는 106점. 뉴욕시보다 서울의 물가가 더 비싸다는 거야."

"와, 그럼 미국보다 한국의 최저임금이 더 높아야 하는 거 아냐?"

"최저임금 1만 원, 들어 봤어?"

"음, 들어는 본 거 같은데."

"뻥 치시네. 그러니 한국의 최저임금도 최소 1만 원 이상으로 올려야 한다는 거야. 그동안 경제성장을 빌미로 노동자들 등골을 빼먹었으니 이제 최소한의 생계조건을 보장해야 한다는 거지. 그래서 지난 19대 대통령 선거 때 문재인 대통령도 최저임금 1만 원을 임기 내에 실현하겠다고 공약했어. 최저임금이 높아져야 노동자들의 생활조건도 좋아지고 그만큼 소

비도 촉진되니 기업에게도 좋고 서로에게 다 좋다는 거지."

"오, 그러면 내가 학교 졸업할 때쯤엔 1만 원이 넘겠네. 시급 1만 원이면 하루에 8만 원, 괜찮은데."

"그래, 물가가 안 오르면 괜찮겠지. 전세나 월세도 안 오르고, 교통비나 핸드폰 요금도 안 오르고."

"삼촌, 너무 비관적인 세계관 아냐?"

"잘 생각해 봐. 일을 열심히 해서 받는 건 보너스지 최저임금이 아냐. 최저임금은 아까 얘기한 주휴수당의 취지와 비슷해. 열심히 일했으니 받는 게 아니라 당연히 보장되어야 할 노동조건이야. 그 사회가 지켜야 할 최소한의 기준이란 얘기지. 그 기준이 실제 현실을 반영하지 못하면 어떻게 되겠냐. 한마디로 힘 있고 돈 있는 놈들이 세상을 쥐락펴락하는 거야."

"어쩌라고. 원래 세상이 그런 거 아냐."

이 대목이 되면 숨이 턱 막힌다. 그래, 한국이 그런 곳이지. 하지만 지금까지 그랬다고 앞으로도 계속 그래야 하는 건 아니지. 그러면 우리 인생이 너무 서글프잖아.

"야, 최저임금제도가 도입되고 주휴수당 받는 게 사장들이 착해져서 그렇겠냐. 요구하는 사람이 있고, 싸우는 사람이 있고…, 누군가의 고통을 딛고 사회가 발전하는 거야."

"울지 마, 울지 마."

"아이, 가. 귀찮아."

노동권을 보장하지 않는 과로사회, 한국

"얘기를 들어 보니 여러 가지 제도가 만들어졌구나. 그런데 우리는 왜 몰랐을까? 금수저가 아닌 이상 노동하며 살아야 하는데, 노동자들이 누려야 할 권리에 대해서는 왜 아무도 얘기해 주지 않는 거지."

"단순해. 노동자들이 자기 권리를 알면 누가 불편해질까?"

"주휴수당이나 최저임금이 노동자들에게만 좋은 게 아니라며."

"그렇지. 그런데 눈앞의 이익은 아주 구체적인데, 먼 미래의 이익은 깊이 생각하지 않으면 잘 안 와닿는단 말이지. 사회 전체가 건강해지는 게 결국은 나도 건강해지고 행복해지는 길이라는 걸 사람들이 잘 몰라."

"뭔가 설명충이 등장할 것 같은 느낌적 느낌인데."

"그래, 말을 말자. 오늘은 여기까지."

"삼촌, 간만의 뜻깊은 대화였어. 그런데 최저임금제도에 대해서는 좀 궁금하긴 하네. 기회가 닿으면 설명 부탁할게."

근로자의 기본적 생활을 보장하기 위해 마련된 법률인 근로기준법에 따르면 15세 이상의 사람은 노동을 할 수 있고 (제64조 최저 연령과 취직인허증), 18세 미만의 사람은 도덕상 또는 보건상 유해·위험한 사업장에서 일하지 못한다(제65조 사용 금지). 15세 이상 18세 미만인 사람은 하루에 7시간, 1주에 35시간을 초과해서 일하지 못하고, 당사자 사이의 합의에 따라 1일에 1시간, 1주에 5시간을 한도로 연장할 수 있다(제69조 근로시간). 그리고 사용자는 18세 이상의 여성의 경우 오후 10시부터 오전 6시까지의 시간 및 휴일에 일하게 하려면 본인의 동의를 구해야 하고, 특별한 경우가 아닌 한 임산부나 18세 미만인 사람을 오후 10시부터 오전 6시까지의 시간 및 휴일에 일하게 하지 못한다(제70조 야간근로와 휴일근로의 제한).

2018년에 개정된 근로기준법에 따르면 일주일의 법정 근로시간은 40시간(평일 하루 8시간)이고 연장 근로시간(토·일요일 근무 포함)은 12시간이다. 이 총 52시간을 초과하면 근로기준법 제110조에 따라 사업주는 2년 이하의 징역 또는 2000만원 이하의 벌금에 처한다.

근로기준법만 봐도 이렇게 까다로운 규정들이 있는데, 일을 하는 사람도 일을 시키는 사람도 그런 규정을 잘 모른다. '동의'란 반드시 알리고 허락을 받아야 하는 과정인데, 돈을 주고 일을 시키면 그 사람의 인격을 소유하는 것으로 아는 사람들이 많다. '갑질'이란 말이 널리 쓰이는 사회에서는 당연한 권리가 특혜처럼 얘기되곤 한다. 그러나 최저임금제도는 특혜가 아니라 기본권이고 사회적인 합의이다.

과로하는 사회는 오래 버틸 수 없다. 노동하는 대다수의 사람들이 건강하지 못한 사회는 무너질 수밖에 없다. 최저임금제도는 노동자가 건강하게 생활하도록 보장하는 기본권이자 인간의 존엄함을 지킬 수 있게 하는 사회적인 합의이다.

● Chapter 02

나는 정부, 결정도 책임도 내게 맡겨라

● 시장경제의 걸림돌이라는 비난
● 근면한 일꾼 신드롬
● 모두가 합의할 때까지

"삼촌, 그래서 말인데 지난번에 얘기해 준 최저임금, 친구들한테 얘기했더니 다들 궁금해하더라."

"뭐가 제일 궁금하다든?"

"그거 왜 하냐고. 얼마를 주고 사람을 쓰건 그건 기업이 알아서 하는 거 아니냐고. 요즘처럼 경제상황도 나쁜데 정부가 나서서 이래라저래라 하는 건 자유시장경제를 침해하는 거 아니냐고."

"오, 자유시장경제, 그게 뭔데?"

"정부가 개입하지 않고 시장의 자율적인 결정에 맡긴다는 거지."

"그런 나라가 지구 어느 곳에 있냐?"

"왜. 미국도 있고, 영국도 있고. 많지."

"미국의 돈은 누가 통제하냐. 그리고 기업들이 알아서 하면 한미자유무역협정(FTA)은 왜 정부가 체결하냐. 미국 정부는 왜 미국 기업을 위해서 일하냐?"

"아놔, 그게 최저임금이랑 무슨 상관이냐고."

"네가 지금 자유시장경제라고 말했으니까 그러지. 지구상에 정부의 도움을 받지 않고 운영되는 기업은 없어. 가장 기본적으로 돈을 보자고. 정부가 화폐를 만들고 통화정책을 세우지. 화폐가치가 올라가고 떨어지는 데 따라서 수출, 수입량이 달라지고 기업의 이익이 왔다 갔다 한다고. 그리고 정부가 각종 법률을 통해 경제정책을 세우지. 그런 법률들이 기업의 이해관계에 많은 영향을 미치고."

"그럼 삼촌은 시장경제를 부정하는 거임?"

"부정하는 게 아니라 그런 건 이상으로나 있는 거지 현실에 없다는 거고, 나는 그걸 이상적인 것으로도 보지 않아. 이 세상에 얼마나 다양한 경제 형태들이 있는데 맨날 시장경제 타령이냐고."

"몰라 몰라. 그럼 최저임금은 시장경제랑 상관없는 거야?"

"네가 말한 시장경제를 실현한다는 미국, 영국 모두에 최저임금제도가 있어. 이건 아주 기본적인 거라고. 자, 설명해 줄 테니 잘 들어. 최저임금제도는 국가가 노동자와 기업주 간의 임금결정 과정에 개입하는 거야. 노사가 알아서 결정하면 되는 문제에 국가가 왜 개입하냐고? 노동자는 기업주에 비해 약자이기 때문이지. 노동자가 왜 약자냐고? 노동자에게는 일을 하지 않을 권리가 있지만 그러면 굶어야 해. 그리고 일손이 부족하면 노동자가 선택할 폭이 늘어나겠지만 실업률이 높으면 노동자는 적은 임금을 받고도 일할 수밖에 없어. 월급을 적게 받고 오래 일하면 노동자들의 건강이 안 좋아지겠지. 먹는 걸 잘 못 먹고 오래 일하고. 그러면 경제가 좋아지겠어?"

"안 좋아지겠지. 그런데 노동자가 약자라고 일방적으로 도우면 기업이 싫어하지 않아?"

"누가 일방적이래. 생각해 봐. 굶어 죽을 지경에 이른 노동자나 실업자들이 거리로 나가서 시위를 벌인다. 그러면 기업이나 정부도 골치가 아프잖아. 그리고 노동자들이 일을 열심히 해서 경제가 잘 돌아가면 기업은 당연히 좋고 정부도 세금을 잘 걷을 수 있잖아. 정부가 착한 일 하는 게 아니라 누이 좋고 매부 좋은 거지. 그러니 최저임금의 부담을 기업에게만 떠넘기지 않는다고. 정부도 필요한 지원을 하고.

한국의 경우 최저임금법이 1986년에 제정돼. 그 법의 목적을 살펴보면 이렇게 되어 있어. '근로자에 대하여 임금의 최저수준을 보장하여 근로자의 생활안정과 노동력의 질적 향상을 꾀함으로써 국민경제의 건전한 발전에 이바지하는 것.' 즉, 최저임금을 보장하는 이유는 노동자의 생활을 안정시키고 이를 통해 노동력의 질을 높여서 궁극적으로는 국민경제

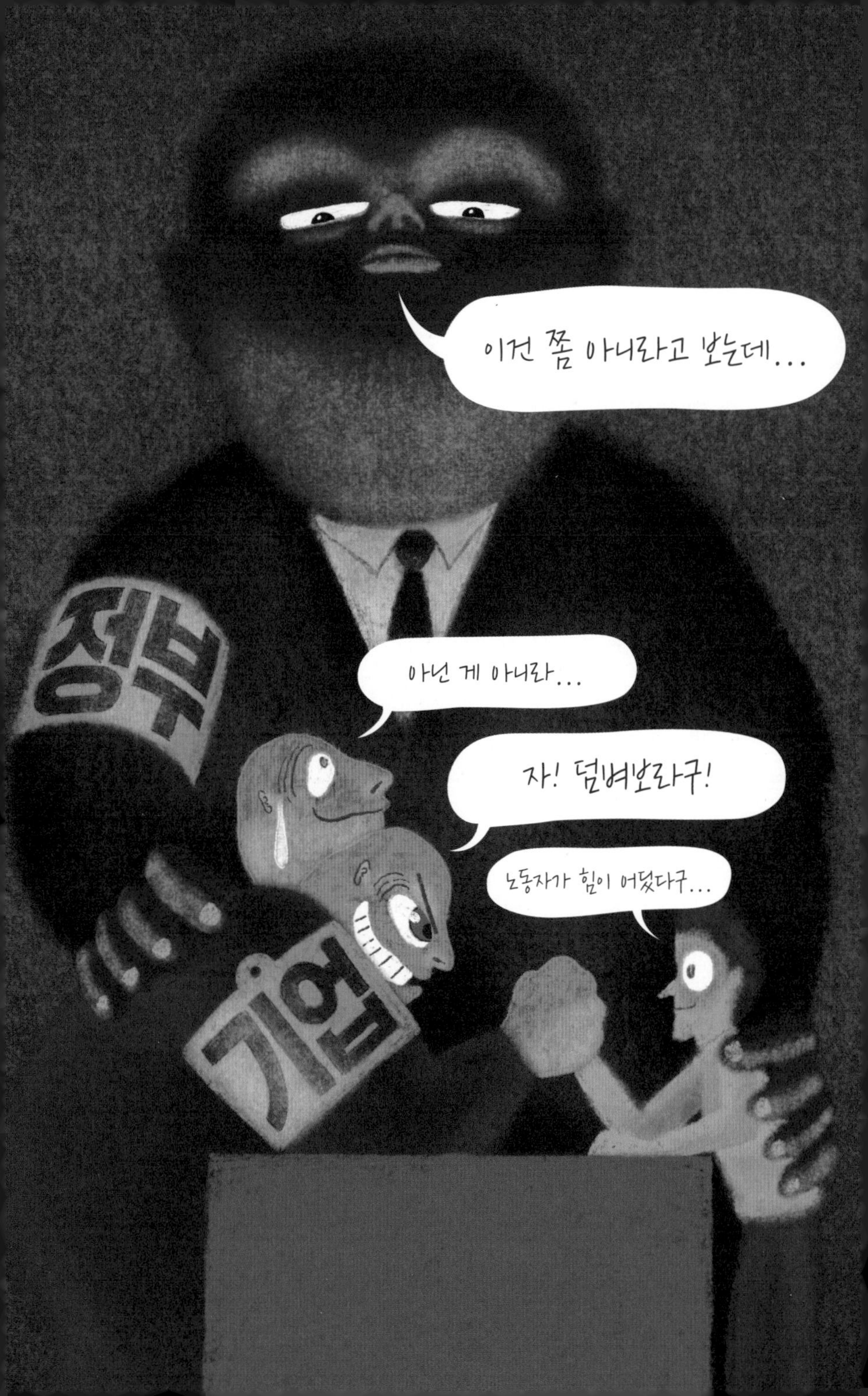
이건 쫌 아니라고 보는데...
아닌 게 아니라...
자! 덤벼보라구!
노동자가 힘이 어딨다구...
정부
기업

를 발전시키는 것이란 말이지. 착한 정부가 노동자를 걱정하며 최저임금을 보장하는 게 아니라 그런 보장이 전체 국가경제를 발전시키리란 기대 때문이야."

근면한 일꾼 신드롬

"최저임금을 받으니 노동자들이 일을 열심히 안 하면?"

"너는 최저라는 말의 의미를 모르니? 최저임금제도는 노동자들을 부자로 만들기 위한 제도가 아니라 말 그대로 최소한의 생활을 보장하기 위한 제도야. 게으른 노동에 대한 보상이 아니라 저임금노동, 불안정한 노동에 대한 보상이라고."

"열심히 일을 하지 않아도 정부가 최저임금을 보장해 줄 테니 목표한 금액만 딱 채우면 더 일할 필요가 없잖아."

"너는 생각이 부정적이야. 돈을 제대로 받으면 열심히 일할 것 같아, 아닐 것 같아. 그리고 열심히 일 안 하고 그러다 잘리면?"

"우린 그래. 핸드폰 살 돈 딱 채우면 더 일할 필요가 없다고."

"너넨 그렇겠지. 하지만 부모도 그렇겠니. 너 한 달 학원비가 얼마야?"

"20만 원. 나는 정말 적게 다니는 거라고."

"됐고. 매달 고정적으로 나가야 하는 돈이 있으니 일을 관둘 수 없는 사람들이 대부분이야. 1987년에 개정된 헌법이 '국가는 법률이 정하는 바에 의하여 최저임금제를 시행하여야 한다'(제32조 1항)라고 규정한 이유는 최소한의 평등을 보장하기 위해서야."

"그럼 딱 잘리지 않을 만큼만 열심히 일하면?"

"딱 잘리지 않을 만큼만 열심히 일하면 되지, 그게 무슨 문제냐. 일하기로 계약을 할 때 무조건 열심히 일하기로 하니. 조건에 맞게, 건강하게 일하기로 하지. 그리고 네가 사장이야? 왜 기업주가 되지도 못할 사람들이 그들의 고민을 대신하냐고. 2019년 전체 일자리 2402만 개 중 임금을 받는 일자리가 1970만 개로 전체의 82.0퍼센트야. 10명 중 8명 이상이 임금을 받는 노동자라는 얘기이지. 그러니 네가 속할 노동자의 관점에서 생각해.

더구나 그동안 학자들이 연구해 온 바는 네가 한 얘기와 다른 면이 많아. 최저임금을 받으면 노동자들이 오히려 열심히 일한다는 거지. 그들의 연구에 따르면, 최저임금을 받고 노동자의 임금이 올라가면 다음과 같은 사회적인 효과가 생긴다고 해.

① 저임금 해소로 임금격차가 완화되고 소득이 잘 분배되어 사회가 평등해진다.

② 노동자에게 일정한 수준 이상의 생계를 보장해 줌으로써 노동자의 생활을 안정시키고 노동자의 사기를 올려 주어 노동생산성이 향상된다.

③ 저임금을 바탕으로 한 경쟁 방식을 지양하고 적정한 임금을 지급토록 하여 공정한 경쟁을 촉진하고 경영을 합리화시킨다."

"오, 그러니까 삼촌 얘기대로면 일정한 생계가 보장되어 생활이 안정되니까 노동자들이 더 열심히 일한다는 거지? 그런 것 같기도 하네. 학비 어떻게 대나, 밥값 어떻게 모을까, 걱정하지 않고 맘 편히 일을 할 수 있으니 더 좋다는 거지?

그런데 기업이 최저임금을 줄 돈이 없으면 어떡해? 적자가 심해서 회사 문을 닫을 판인데 최저임금을 어떻게 줘?"

"그러니까 정부가 개입하는 거지. 기업에게 모든 책임을 미루지 않고 정부가 일정 부분을 보조하는 거야. 경제가 공정하게 작동하면 나라가 강해지니까."

"그리고 국가가 일방적으로 최저임금을 정하는 것도 아니야. 여기 들어가 봐라. 최저임금위원회라는 곳의 홈페이지야 (http://www.minimumwage.go.kr/index.jsp). 봐 봐, 어떻게 구성되냐?"

"사용자위원 9인, 공익위원 9인, 근로자위원 9인, 특별위원 3인●. 사용자위원은 한국경영자총협회, 소상공인연합회 같은 사용자 단체들로, 근로자위원은 한국노총, 민주노총 같은 노동단체로, 공익위원은 대학교수 등으로 구성되어 있네."

"그렇지. 그 위원들이 다음 해 최저임금을 서로 토론해서 결정하는 거야. 다음 해에 노동자가 최소한의 생활을 하려면 생계비가 얼마나 들지, 그에 맞춘 임금 수준은 어떠해야 할지, 서로 심의해서 결정하는 거야. 그래야 실제로 최저임금이라 불릴 수 있지."●●

"그러면 노동자는 최저임금을 많이 올리면 좋을 거고, 기업

● 기획재정부 · 중소기업벤처부 · 고용노동부에서 관련 업무를 담당하는 고위공무원들 중에서 3명의 특별위원을 선정한다. 특별위원은 표결에 참여하진 못하고 위원회에 출석해서 발언할 수 있다.

주는 낮추면 좋을 거고. 노동자나 기업주들이 적극적으로 참여 안 할 수도 있겠네."

"그렇지. 1953년에 근로기준법이 제정되면서 최저임금제도의 근거를 마련했지만 실시를 안 했어. 왜 그럴까? 기업주들이 싫어했기 때문이야. 다들 경제가 어렵다, 경기가 안 좋다며 뒤로 미루기만 했어. 그러다 왜 1988년부터 실시되었을까? 그 즈음이 바로 한국의 민주화 시기야. 그 전의 경제성장은 저임금 노동에 의존했는데, 그런 방식으론 경제구조가 건강하게 유지될 수 없다는 판단을 정부가 하기 시작한 거지. 기업들도 더 이상 발을 빼기 어려워진 거야. 그러니 경제민주주의가 정치민주주의와 무관하지 않은 거지."

"그랬구나. 사회가 민주화되면서 도입된 제도구나."

"최저임금제도가 도입된 1988년에도 실제 적용을 받는 노동자들은 전체 노동자의 5분의 1에 그쳤어. 그게 점점 확대되어 2000년도부터 전체 노동자에게 적용된 거지."

"근로자위원, 사용자위원은 알겠는데, 공익위원들 입장은

●● 2019년 1월 7일 정부는 최저임금 결정 체계를 전문가 9인으로 구성된 구간설정위원회와 노동자, 사용자, 공익위원들로 구성되는 결정위원회로 이원화하겠다는 방안을 발표했다. 이 안에 따르면 구간설정위원회가 최저임금의 상한선과 하한선을 정하고, 결정위원회가 그 한도 내에서 최저임금을 심의·의결한다. 이 정부안에 대해서는 찬반이 갈리고 있다.

뭐야?"

"최저임금법 시행령 제13조 '공익위원의 위촉기준'에 따르면, 공익위원은 이런 사람들이야.

① 3급 또는 3급 상당 이상의 공무원이었거나 고위공무원단에 속하는 공무원이었던 사람으로서 노동문제에 관한 학식과 경험이 풍부한 사람.

② 5년 이상 대학에서 노동경제, 노사관계, 노동법학, 사회학, 사회복지학, 그 밖에 이와 관련된 분야의 부교수 이상으로 재직 중이거나 재직하였던 사람.

③ 10년(제2호에서 규정한 분야의 박사학위 소지자는 5년) 이상 공인된 연구기관에서 노동문제에 관한 연구에 종사하고 있거나 종사하였던 사람.

④ 그 밖에 제1호부터 제3호까지의 규정에 상당하는 학식과 경험이 있다고 고용노동부장관이 인정하는 사람.

이들이 누구의 견해를 대변하겠어. 주로 정부 입장을 반영하겠지. 그래서 정부의 역할이 중요한 거지. 최저임금이 올라가서 고용률이 떨어지고 실업률이 높아져. 그러면 정부는 싫겠지."

"엄청 싫겠지."

"그렇다고 저임금노동을 막 허용해서 사회적인 갈등이 막 일어나. 그것도 싫겠지."

"당근."

"그래서 다양한 자료들을 검토하면서 서로 논의를 하지. 경제활동인구, 일자리 동향이나 임금인상률도 분석하고 각 가정의 평균 가구소득이나 노동시간, 노동생산성, 소득분배율 등을 놓고 서로 따지지."

"우아, 엄청 복잡하겠네. 그런데 의견이 계속 서로 다르면?"

"합의가 될 때까지 협상을 하지. 인터넷 들어가서 검색해 봐. 최저임금위원회 결렬, 진통, 불참, 이런 키워드를 넣고.

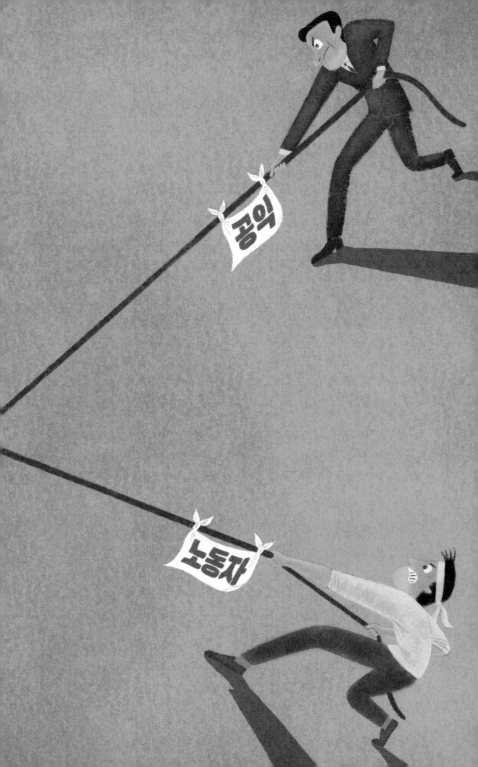

그러면 기사가 엄청 많이 뜰 거야."

"2020년, 2021년 최저임금이 결정될 때도 근로자위원은 모두 사퇴하거나 불참했네."

"사회적인 합의 과정이기에 최저임금 결정은 매우 정치적인 결정이야. 진통이나 결렬도 일종의 정치이고 참석과 불참도 정치적인 선택이지. 그런 선택을 통해 각자가 자신의 입장을 알리고 여론에 호소하는 거야."

"우아, 최저임금만 봐도 한국 사회의 모습이 드러나겠네."

"그렇지. 이것이 바로 공부다."

"됐거든."

"더 배우려면 돈 내."

"안 배워."

"친구들이 물어봤다며. 걔들한테 돈 받아."

"싫어."

"이것도 노동이야."

"아, 몰라."

정부의 주요 업무 중 하나는 사회의 불평등을 바로잡는 일이다. 그래서 정부는 매년 많은 예산(2019년 457조 원)을 집행한다. 정부는 기업의 경영이나 노무관리에 영향을 미칠 경제 정책을 펼치기도 하고 공공부문 관리나 일자리 사업을 통해 직접 노동자를 고용하기도 한다. 특히 한국은 정부가 경제개발 5개년 계획 등을 통해 적극적으로 시장에 개입해 왔다.

　부실 기업과 부실 금융기관을 돕기 위해 정부가 공적 자금을 투입하기도 하는데, 1997년부터 2017년까지 정부는 총 168.7조 원을 기업에 지원했고, 2017년 말까지 115.6조 원을 회수하여 회수율은 68.5퍼센트 수준이다. 그만큼 경제에서 정부가 맡아 온 역할이 매우 크다. 그럼에도 많은 사람들은 기업 일은 기업이 알아서, 경영자가 알아서 결정해야 하는 것으로 오해하고 있다. 이런 오해가 바로잡혀야 진지하고 깊은 논의가 가능하다.

● Chapter 03

적정임금에
도달할 때까지
차근차근

- ● 치밀한 조사, 팽팽한 협상
- ● 현실적이고 합당한 기준을 찾자
- ● 적정임금에 가닿기 위해

치밀한 조사, 팽팽한 협상

"삼촌, 최저임금의 액수는 어떻게 결정되는 거야?"

"수업료는 가져왔니?"

"자, 고구마."

"이런…."

"아 진짜. 그러니까 최저임금의 최저기준을 어떻게 정하냐고."

"자, 액수를 보기 전에 과정부터 보자. 왜냐고? 앞서 말한 것처럼 최저임금의 결정 과정은 정치적이기 때문에 과정을 무시하고 액수만 봐서는 왜 그렇게 결정되었는지 이해할 수가 없어. 그렇다면 최저임금 결정을 위한 첫 단계는 뭘까?"

"자료 조사?"

"흐흐, 정부가 만든 제도이기 때문에 일단 정부가 다음 해 최저임금을 심의해 달라는 요청을 해야 해. 최저임금법 시행령에 따라 매년 3월 31일까지 정부가 최저임금을 심의해 달라는 요청을 최저임금위원회에 하면 위원회가 활동을 시작하지."

"정부가 요청을 안 하면?"

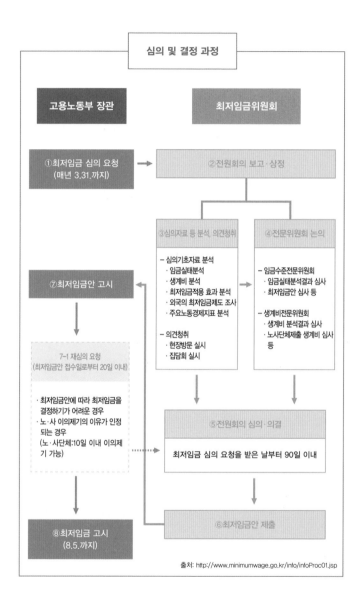

심의 및 결정 과정

고용노동부 장관

최저임금위원회

①최저임금 심의 요청
(매년 3.31.까지)

②전원회의 보고·상정

③심의자료 등 분석, 의견청취

④전문위원회 논의

⑦최저임금안 고시

– 심의기초자료 분석
· 임금실태분석
· 생계비 분석
· 최저임금적용 효과 분석
· 외국의 최저임금제도 조사
· 주요노동경제지표 분석

– 의견청취
· 현장방문 실시
· 집담회 실시

– 임금수준전문위원회
· 임금실태분석결과 심사
· 최저임금안 심사 등

– 생계비전문위원회
· 생계비 분석결과 심사
· 노사단체제출 생계비 심사
등

7–1 재심의 요청
(최저임금안 접수일로부터 20일 이내)

· 최저임금안에 따라 최저임금을
결정하기가 어려운 경우
· 노·사 이의제기의 이유가 인정
되는 경우
(노·사단체:10일 이내 이의제
기 가능)

⑤전원회의 심의·의결

최저임금 심의 요청을 받은 날부터 90일 이내

⑧최저임금 고시
(8.5.까지)

⑥최저임금안 제출

출처: http://www.minimumwage.go.kr/info/infoProc01.jsp

"최저임금법에는 고용노동부장관이 매년 8월 5일까지 최저임금을 결정해서 고시해야 해. 그러니 해야지. 안 하면 법을 어기는 거니까. 그리고 최저임금위원회는 심의 요청을 받은 날로부터 90일 이내에 고용노동부장관에게 최저임금안을 제출해야 해. 90일, 석 달 정도이지. 최저임금위원회는 사실 이 석 달을 위해 존재하는 위원회야. 이 석 달을 어떻게 쓰는지에 따라 그다음 해가 달라지지."

"석 달 내에 결정이 안 나면 어떡해?"

"법적으론 끝나지만 계속 논의를 하지. 정부, 노동자, 사용자 세 측이 속해 있으니 표결을 하면 어느 한편으론 결정이 나게 되어 있거든. 다만 합의로 결정되는 경우가 매우 적지. 최저임금제도가 실시된 1988년부터 지금까지 노사가 합의로 최저임금을 결정한 경우는 7건에 불과해. 그리고 27명의 최저임금위원이 모두 표결에 참여해서 결정한 경우도 8건 정도야."

"아, 그러면 어느 한쪽이 빠져도 결정은 되는구나."

"왜냐하면 법에 따라 다음 해 최저임금을 반드시 발표하도록 되어 있거든."

"그럼 회의 때는 어떻게 논의하는 거야?"

"일단은 심의에 필요한 자료들을 챙기지. 노동자들이 받는 임금이 어느 정도인지, 물가상승에 따라 늘어나야 할 생계비가 어느 정도인지, 최저임금이 어떤 사회적인 영향을 미칠지, 다른 나라의 경우는 어떻게 하는지. 이렇게 자료 조사도 하지만 중요한 건 현장의 목소리를 듣는 거지. 이해당사자의 목소리도 듣고 현장 방문도 하고 전문가나 시민들의 의견도 듣고.

그리고 최저임금위원회에는 위원들이 참여하는 두 개의 전문위원회가 있어. 임금수준전문위원회와 생계비전문위원회, 이 둘의 의견도 듣는 거지. 그런 뒤에 전원회의에서 심의하고 의결하지. 보통 노동계의 요구안과 사용자 측의 요구안이 나오면 그 둘을 가지고 서로 협상을 벌이지."

"팽팽하게 대립하면 정부 측 의견이 중요하겠네."

"오, 맞아. 정부의 의견이 중요하지. 그런데 보통 정부가 누구 편을 들까?"

"최저임금제도의 취지가 노동자의 생활을 보장하는 것이니 노동자 편을 들지 않을까?"

"그랬으면 좋겠지만 반대의 경우가 많았어. 민주화 이전의 정부는 서민들의 삶을 고민하는 민주적인 정부가 아니었으니까. 지금도 노동자들의 삶을 생각하는 정부라고 말하기는 어렵지만. 그래도 정부가 여론의 눈치를 봐야 하니 최저임금을 계속 올리기는 해 온 거지.

문제는 물가상승률이 더 높을 경우는 최저임금이 올라도 노동자들의 생활이 안정되지 않는다는 거지. 그리고 한국의 경우 생필품만이 아니라 주거비용이 매우 높아지니 가난한 사람들의 생활이 안정되기 어려워."

"맞아. 엄마도 전셋값 걱정을 많이 하시더라고."

"너희 집은 최저임금 대상이 아님에도 그런 걱정을 하는데 최저임금을 받는 노동자들은 어떻겠냐?"

"그러게. 이왕 할 거면 정부가 똑바로 해야 할 텐데. 그러면 노사가 어떤 기준으로 최저임금 협상안을 만드는 거야?"

현실적이고 합당한 기준을 찾자

"최저임금법 제4조에 따르면, 야, 이런 거 잘 들어 봐, 줄줄 외면 멋있어 보이잖아. 최저임금법 제4조에 따르면, 최저임금은 근로자의 생계비, 유사근로자의 임금, 노동생산성 및 소득분배율 등을 고려해 결정돼. 다만 사업의 종류별로 구분해서 정할 수 있지."

"유사근로자는 뭐야?"

"특수형태고용노동자라고도 하는데, 학습지 교사나 화물차 차주, 보험 모집인처럼 실제로는 고용되어 일을 하는데 자영 업자로 분류된 사람들이 있어."

"재능교육의 교사들이 노동자가 아니란 말이야?"

"법적으론 개인사업자로 되어 있지. 그래서 근로계약이 아 니라 사업자 대 사업자의 계약관계로 봐. 실적만큼 돈을 가져 가니까."

"대박. 그런데 학습지 회사에서 이래라저래라 막 시키잖 아."

"그러니까 문제지. 원래 유사근로자란 개념은 이렇게 특수 한 조건에 놓인 노동자들을 보호하기 위한 장치였는데 한국 은 정반대라는 비판이 계속 있어."

"야, 참 신기하네. 그래서 최저임금은 어떻게 계산하는 거 야? 아까 얘기한 생계비, 임금상승률, 노동생산성, 소득분배 율?"

"그렇지. 그중 제일 중요한 게 뭘까?"

"생계비!"

"그렇지. 사실 생계비는 절대적인 기준이지. 그런데 최저임금제도에 대한 노사의 이해가 조금 달라. 노 측은 최저임금제도가 생계에 필요한 비용을 온전히 책임져야 한다고 주장하고, 사 측은 최저임금은 보조적인 제도이니 한국의 경제수준과 기업의 능력 등을 고려해야 한다고 주장하지. 구체적으로 말해 노 측은 최저임금이 1인 가구 생계비의 70퍼센트 수준에 불과하고 2~4인 가구의 경우 최저임금으로 생존 자체가 불가능하다고 주장해. 그러니 최저임금을 계속 올려야 하는 거지. 반대로 사 측은 최저임금제도가 전체 노동자에게로 확대되었고 지난 30년 동안 지속적으로 인상되었다고 주장해서 기업에게 부담을 주고 있다고 주장해. 그래서 사 측은 결사적으로 인상을 막으려고 하고.

아까 네가 얘기했던 시장경제가 바로 여기서 걸리지. 최저임금제도 자체가 아니라 최저임금제도가 보장해야 하는 생계의 기준이 어느 정도인가가 문제인 거지. 노동자 측은 생계를 온전히 책임져야 한다고 보는 거고, 기업 측은 영세업자나 중소기업을 예로 들며 보조하는 역할로 봐야 한다는 거고. 생계비 기준으로 보면 최저임금이 그동안 많이 인상되었다고 하지만 아직 부족해."

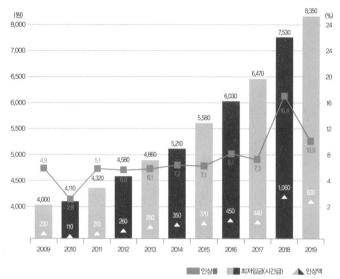

〈연도별 최저임금 결정 현황〉

출처: http://www.minimumwage.go.kr/stat/statMiniStat.jsp

〈2016년 노동자 임금 대비 최저임금의 상대적 수준〉

구분		고용형태별근로실태조사 (고용노동부)				경제활동인구부가조사 (통계청)			
		평균값		중위값		평균값		중위값	
			상대적 수준		상대적 수준		상대적 수준		상대적 수준
시간당 임금 총액(원)	1인 이상	16,697	36.1	12,500	48.2	13,464	44.8	10,794	55.9
	5인 이상	18,536	32.5	14,205	42.4	14,608	41.3	11,513	52.4
시간당 통상 임금(원)	1인 이상	14,038	43.0	10,982	54.9	–	–	–	–
	5인 이상	15,254	39.5	12,119	49.8	–	–	–	–
최저임금(원)		6,030							

출처: 최저임금위원회 심의 자료(2017)

"어렵네. 생계비 외에 다른 기준은 뭐가 있어?"

"최저임금은 말 그대로 임금의 최저선을 정하는 거잖아. 그러니 중요한 게 뭐겠어. 물가상승률을 봐야 하고, 기업의 지급 능력이 있어야 하니까 경제성장률도 고려해야 하지. 그리고 최저임금이 올라 사람을 더 쓰지 못한다고 하면 안 되니까 최저임금 인상이 미칠 사회적인 영향도 고려해야지."

"3개월 내에 정하려면 박 터지겠네."

"그렇게 박 터지게 싸워도 여전히 구멍이 있어. 가령 2014년에서 2016년까지 3년 동안 최저임금을 지급받지 못한 사람들의 유형을 보면, 영세자영업, 일용직, 여성, 19세 이하 및 60세 이상, 농림어업·숙박 및 음식점업, 개인 가정에서 필요한 가정부나 보모 등의 일을 하는 사람일수록 높았어. 다시 말해, 받아야 할 사람들이 정작 못 받고 있다는 거지."

"19세 이하, 햐. 내가 그럴 줄 알았어. 청소년은 사람도 아닌가. 야, 너, 반말 듣는 것도 열 받는데 돈도 떼먹고. 참, 나쁜 나라야, 헬조선."

"맞아. 헬조선. 그런데 어쩌냐. 탈출할 방법은 없고 여기서 부대껴 봐야지."

"만약 일하기로 한 날까지 다 못하면 최저임금 못 받아? 내 친구들 기한 안 지켰다고 돈 못 받는 경우가 수두룩하던데."

"그런 게 어디 있어. 법은 보편적인 거야. 최저임금법 제5조*에 따르면 애초에 받기로 한 돈을 실제 일한 시간만큼 나눠서 받아야 해. 일한 시간이 매일 다르다면 그 주에 평균 일한 시간으로, 주마다 일한 시간이 달랐다면 그 달에 평균 일한 시간으로 나눠서 받아야 해.

그리고 최저임금법 제11조**에 따르면 사장이나 매니저들은 애초에 근로계약서를 작성할 때 이런 사실들을 알려 줘야해. 최저임금이 얼마인지, 최저임금이 적용되는 날이 언제부터 언제까지인지, 이런 걸 말해 주고 일을 시켜야 한단 말이지. 이런 고지를 제대로 안 하면 최저임금법 제31조***에 따라 100만 원 이하의 과태료를 내야 해. 그러니까 네 친구들이

이런 얘기를 못 들었다고 하면 고용노동부에 민원을 내도 된단 말이지.

그래도 이 사람들이 법을 잘 안 지켜. 법을 안 지키면 어떻게 해야지?"

"처벌해야지."

"그렇지, 벌을 줘야지. 최저임금법을 안 지키면 어떤 벌을 받을까? 최저임금법 제28조 벌칙 조항에 따르면, 최저임금액보다 적은 임금을 지급하거나 최저임금을 이유로 종전의 임금을 낮춘 자는 3년 이하의 징역 또는 2000만 원 이하의 벌금에 처하도록 되어 있어.

문제는 실제로 그렇게 처벌을 받는 경우가 많지 않다는 거지. 2012년에서 2016년까지 5년 동안 2만 337건의 최저임금

법 위반행위가 적발됐는데, 실제 사법처리를 받거나 과태료를 낸 경우는 0.5퍼센트인 92건에 불과했어."

"돈 없다고 배 째라고 하면 어떻게?"

"그럼, 배를 째… 그건 아니고 정부가 일단 먼저 돈을 내주

● 제5조(최저임금액)
① 최저임금액(최저임금으로 정한 금액을 말한다. 이하 같다)은 시간 · 일(日) · 주(週) 또는 월(月)을 단위로 하여 정한다. 이 경우 일 · 주 또는 월을 단위로 하여 최저임금액을 정할 때에는 시간급(時間給)으로도 표시하여야 한다.
② 1년 이상의 기간을 정하여 근로계약을 체결하고 수습 중에 있는 근로자로서 수습을 시작한 날부터 3개월 이내인 자에 대하여는 대통령령으로 정하는 바에 따라 제1항에 따른 최저임금액과 다른 금액으로 최저임금액을 정할 수 있다. 다만, 단순노무업무로 고용노동부장관이 정하여 고시한 직종에 종사하는 근로자는 제외한다.
③ 임금이 통상적으로 도급제나 그 밖에 이와 비슷한 형태로 정하여져 있는 경우로서 제1항에 따라 최저임금액을 정하는 것이 적당하지 아니하다고 인정되면 대통령령으로 정하는 바에 따라 최저임금액을 따로 정할 수 있다.

● ● 제11조(주지 의무)
최저임금의 적용을 받는 사용자는 대통령령으로 정하는 바에 따라 해당 최저임금을 그 사업의 근로자가 쉽게 볼 수 있는 장소에 게시하거나 그 외의 적당한 방법으로 근로자에게 널리 알려야 한다.

● ● ● 제31조(과태료)
① 다음 각 호의 어느 하나에 해당하는 자에게는 100만원 이하의 과태료를 부과한다.
1. 제11조를 위반하여 근로자에게 해당 최저임금을 같은 조에서 규정한 방법으로 널리 알리지 아니한 자
2. 제25조에 따른 임금에 관한 사항의 보고를 하지 아니하거나 거짓 보고를 한 자
3. 제26조제2항에 따른 근로감독관의 요구 또는 검사를 거부 · 방해 또는 기피하거나 질문에 대하여 거짓 진술을 한 자
② 제1항에 따른 과태료는 대통령령으로 정하는 바에 따라 고용노동부장관이 부과 · 징수한다.
③ 제2항에 따른 과태료 처분에 불복하는 자는 그 처분을 고지받은 날부터 30일 이내에 고용노동부장관에게 이의를 제기할 수 있다.
④ 제2항에 따른 과태료 처분을 받은 자가 제3항에 따라 이의를 제기하면 고용노동부장관은 지체 없이 관할 법원에 그 사실을 통보하여야 하며, 그 통보를 받은 관할 법원은 「비송사건절차법」에 따른 과태료 재판을 한다.
⑤ 제3항에 따른 기간에 이의를 제기하지 아니하고 과태료를 내지 아니하면 국세 체납처분의 예에 따라 징수한다.

고 사업주에게 배상을 받는 방법이 고려되고 있어. 말했지, 정부가 개입되어 있는 일이라고."

적정임금에 가닿기 위해

"최저임금 적용대상에서 아예 빠진 사람들도 있어. 대표적인 게 장애인이지. 최저임금법 제7조는

① 정신장애나 신체장애로 근로능력이 현저히 낮은 자

② 그 밖에 최저임금을 적용하는 것이 적당하지 아니하다고 인정되는 자

에 대해서는 적용을 제외한다고 규정하고 있어. 그렇다면 장애인들은 더 적은 임금을 받고도 생계를 이어 갈 수 있을까? 그건 아니잖아. 이건 한국이 여전히 약자에게 가혹한 사회라는 점을 증명한다고 할 수 있어."

"그럼 다른 나라는 안 그래?"

"나라마다 다르지. 벨기에의 경우 장애인이나 외국인에 대한 구분 없이 18세 이상 모든 노동자에게 동일하게 최저임금 제도가 적용되지. 아일랜드도 마찬가지야. 체코는 2012년까

지 청소년, 장애인에 대한 차등제도를 뒀지만 2013년부터 이를 폐지했어. 중국에도 최저임금제도가 있는데 장애인이나 아르바이트생을 제외하고 있어. 제각각이야.

그런데 장애인에 대해 왜 정부가 제외 조항을 만들어 놓았을까?"

"일하는 속도가 떨어지니까?"

"글쎄, 그건 일의 성격에 달려 있지 않을까. 시각장애인에게 눈으로 보고 확인해야 하는 일을 시키면 속도가 떨어지거나 불가능할 수 있지만 촉각을 써야 하는 일을 맡기면 어떨까? 이동이 어려운 장애인에게 왔다 갔다 하는 일을 시키면 어렵지만 한자리에서 하는 일을 맡기면 어떨까?

물론 장애인의 속도가 떨어질 수 있지만 그건 비장애인도 마찬가지야. 일을 방해하는 건 신체만이 아니니까. 감정과 노동조건, 날씨 같은 것도 영향을 미치거든.

그런데 일하는 속도는 다르지만 밥을 먹어야 하고 생계가 보장될 때 안정적으로 일할 수 있다는 건 누구에게나 마찬가지이지. 일하는 속도가 달라도 모두에게 생활에 필요한 돈이 기본적으로 마련되어야 하는 거지."

"그렇다면 최저만 보장하는 게 아니라 공정하고 적정한 임금이 필요하겠네."

"오, 멋진데. 나랑 얘기를 나누더니 머리가 좋아졌어. 그렇지, 정말 중요한 건 최저임금만 보장하면 되는 게 아니라 적정한 임금의 기준을 잡는 거지. 한국에서는 똑같이 대학에서 일해도 교수와 교직원과 청소노동자의 월급이 엄청 차이가 나. 차이가 날 수도 있지만 몇천만 원 또는 억대의 차이가 나는 게 과연 공정하냐는 거지. 이제 한국도 적정임금에 대한 고민을 시작해야 해."

"최저임금과 적정임금, 공부할 게 많네. 그런데 이런 건 시험에 안 나오던데."

"앞으론 시험에 나올지도 몰라."

"그럴 일은 없을 거야."

"그래, 나도 그렇게 생각해. 하지만 네가 학교에서만 생활할 게 아니라면 언젠가는 부딪혀야 할 현실이야."

2017년 19대 대통령 선거에서 문재인(더불어민주당), 홍준표(자유한국당), 안철수(국민의당), 유승민(바른미래당), 심상정(정의당) 후보 모두가 임기 내에 최저임금을 1만 원으로 높이겠다고 공약했다. 1만 원 달성 시기는 다르지만 모두 공약했다는 점에서 최저임금에 대해서는 여·야, 보수·진보를 막론하고 일정한 합의가 형성된 셈이다. 후보들은 최저임금 위반 사례를 엄격하게 단속하되 소상공인과 중소기업을 지원하겠다는 방안도 함께 발표했다. 이것은 최저임금이 다른 경제정책과 맞물려 결정될 수밖에 없음을 뜻한다.

최저임금은 매년 시급 얼마라는 수치로 정해지지만 그 기준은 절대적이지 않다. 최저임금이 보장해야 하는 생계비의 기준이 상대적이기 때문이다. 물가는 한 국가 안에서 지역마다 다르고 주거비용도 수도권과 비수도권이 크게 다르다. 개인의 삶이나 가족을 이루는 방식도 다양해져서 노동자에게 어떤 한 기준에 맞춰 생활하라고 요구할 수 없다. 그런 점에서 최저임금의 결정 과정은 서로 합의를 모아 가는 정치적인 과정일 수밖에 없다.

● Chapter 04

최저선이 있다면
최고선도 있다

● 최고임금, 밥그릇 뺏기가 아니라 고통의 분담이다
● 극과 극의 격차를 줄이자
● 필요한 몫을 제대로 나누는 것이 정의

최고임금, 밥그릇 뺏기가 아니라 고통의 분담이다

"삼촌, 나 신문에서 이런 기사를 봤어. 2013년 3월 스위스 시민들은 증권시장에 상장된 기업의 최고경영자(CEO)가 받을 연봉을 매년 주주총회가 결정하도록 하는 법안을 국민투표로 통과시켰다고. 그러면서 최고연봉제도를 도입한다고 하던데, 그게 뭐야?"

"올, 이제 찾아가며 공부하는 거야. 시험공부도 그렇게…."

"아, 됐고. 묻는 말에나 답해 줘. 말 그대로 이해하면 되나? 임금의 상한선을 정하는 거라고. 그럼 최저임금제도와 최고임금제도가 있으면 그 나라의 모든 임금이 그 사이에서 결정되겠네. 그러면 좋은 거 아냐?"

"아, 일단 최고임금제도에 대해 먼저 살펴보자고. 그리고 최고임금제도 얘기가 왜 나오는지 알려면 최저임금제도의 역사에 대해 좀 알아야 해."

"왜?"

"들어 봐. 전에 말했듯이 최저임금에 관한 논의는 예전부터 있었지만 1988년부터 최저임금제도가 실시돼. 그 전의 독재정권이 워낙 임금을 낮춰서 기업들의 이윤만 보장해 줬기 때문에 최저임금은 매년 인상될 수밖에 없었어. 너 전태일이라고 들어 봤어?"

"알지. 내 죽음을 헛되이 말라. 만화책으로 봤어."

"거기 보면 여공들의 노동조건이 굉장히 열악하잖아. 그렇게 쥐어짠 돈을 누가 가져갔겠어. 다 고용주가 가져갔지. 그렇게 맘껏 부려먹던 입장에서 보면 최저임금제도가 어떻게 느껴질까. 마치 자기 밥그릇의 밥을 뺏어 가는 것 같겠지?"

"그렇겠지."

"그래도 민주화가 되었으니 예전처럼 대통령이나 국회의원에게 돈 갖다 바치고 최저임금제도 없애 주쇼, 이럴 수는 없으니 우는 소리를 하는 거지. 경제가 어렵다, 문을 닫을 지경이다, 회사가 살아야 노동자도 산다, 뭐 이런 소리들."

"맞는 얘기 아냐?"

"아유, 이 학교에서 가르치는 대로만 아는 놈. 정말 기업이 노동자들에게 임금을 너무 많이 줘서 문 닫을 지경이라면, 노동자들이 잘 살아야지. 그런데 그래?

영국 옥스퍼드 사전에 보면 재벌(Chaebol)이라는 단어가 딱 있다. 다른 나라에 없는 고유명사란 얘기야. 다른 나라라고 대기업이 없겠어? 그런데도 재벌이라고 별도로 칭하다니, 이게 무슨 뜻일까? 가족이 소유한 대규모 기업집단이란 말이야. 대기업이면 대기업이지 왜 대규모 기업집단일까? 지금 우리가 아는 재벌들은 수많은 계열사들로 엮여 있기 때문이야. 그리고 재벌들은 소수의 가족지분으로 수많은 계열사들을 지배하지. 한마디로 이상한 기업 구조라는 얘기야.

네가 예전에 얘기했던 시장경제의 기본적인 기업 구조가 어떤지 아니? 가장 기본은 소유와 경영의 분리야. 전문경영인을 따로 둔다는 거지. 그래야 자기 회사라고 회삿돈을 쌈짓돈처럼 꺼내 쓰지 못할 거 아냐. 그게 안 되면 개인과 회사의 분리가 안 돼. 지 마음대로야. 너 대한항공 갑질 사건 알지?"

"응. 땅콩 회항 사건. 땅콩 비닐을 안 뜯어서 줬다고 비행기 안에서 행패를 부렸던 대한항공 조현아 부사장 사건. 야. 정말 쩔더라."

"그런 해괴한 일이 왜 생기겠어. 내 거니까 내 맘대로 해도 된다고 생각하는 것에서 비롯된단 말이지. 노동자들이 기업에서 받아 가는 돈보다 고용주들이 자기 돈처럼 꺼내 가는 돈이 더 많아.

예를 들어 볼까. 예전에 삼성전자 이건희 회장이 2016년 한 해에만 받은 배당금이 1953억 원이었어. 현대자동차 정몽

구 회장은 2016년에 배당금 887억 원, 급여가 93억 원으로 총 980억 원을 받았어. 회사가 어려워도 회장들은 꼬박꼬박 배당금을 챙기지.

2016년 최저임금 시급 6030원, 연봉으로 계산하면 약 1500만 원. 이건희 회장이 2016년에 가져간 돈은 1만 3020명이 1년치 최저임금을 받을 돈이야. 일하지 않아도 받는 배당금으로만 저런 차이가 만들어져. 이런 사회가 정상적일까?"

"그런데 사람들은 그러잖아. 능력 있으니까 그만큼 받는 거라고."

"그래, 바로 거기서 세계관의 차이가 생기는 거야. 한 사람이 만 명이 넘는 사람보다 더 많은 일을 할 수 있을까. 그리고 이건희 회장 혼자서 삼성이라는 대기업을 키울 수 있었을까."

"그래도 회사를 키운 건 회장 아냐?"

"노동자들도 같이 키웠지. 구상이나 전략만 좋으면 뭐해. 같이 일하는 사람들이 있어야지. 그리고 이건희 회장이 삼성이라는 기업에 입힌 피해는 없을까? 2007년에 삼성 전략기획실에 있던 김용철 변호사가 양심선언을 하며 삼성그룹의 비자금이 연간 1조 원 규모라고 밝혔어. 들었어? 전체 1조 원이 아니라 연간 1조 원. 결국 노동자에게 분배되거나 기업에 재투자되어야 할 돈이 정계, 관계의 로비자금으로 쓰였다는 거지. 이건 기업에 입힌 피해지. 그러니 기업을 키웠다고만 보기는 어려워."

"음, 사람들은 그런 건 잘 모르니."

"모른다고만 하지 말고 관심을 가져야지. 재벌 가족들이 매년 얼마나 가져가는지, 그들이 소유와 경영이 분리되지 않은 회사 내에서 얼마나 갑질을 하는지, 회계장부를 조작해서 비자금을 조성하지는 않는지. 경제가 살아나지 않는다고 한탄만 하지 말고 돈이 어떻게 흐르는지를 봐야지."

"삼촌은 그런 거 다 알아?"

"모르지. 다 알면 여기 있겠냐."

"하긴, 그러면 백수겠어."

"우씨, 어쨌거나 바로 이런 상황 때문에 최고임금, 임금상한제 같은 얘기가 등장하는 거야. 고통을 분담하려면 고용주, 노동자 할 것 없이 분담해야지 왜 노동자들에게만 고통을 분담하라고 하냐. 그래서 등장한 게 최고임금, 임금상한제야."

"노동자에게는 최저임금을 보장하고, 회장 임금은 최고액을 정하고. 괜찮네. 그런데 회장들이 반발하지 않을까?"

"한국처럼 소유와 경영이 분리되어 있지 않으면 문제겠지만 전문경영인의 경우는 경영의 대가로 월급을 받는 것이니 큰 문제는 아니지. 그리고 최고임금제는 시장경제를 옹호하는 사람이 주장했던 바야. 예를 들어 피터 드러커 같은 미국 지식인들이 최고경영자의 보수가 노동자의 15~20배를 넘지 않도록 하자고 제안해. 왜 그럴까?"

"너무 많이 받으면 격차가 나니까?"

"그렇지. 한국은 맨날 ○○가족이라며 회사와 가족을 일치시키지만 위기가 오면 노동자는 버리고 회사만 팔아 챙겨 튀잖아. 말만 가족이지, 세상에 이런 콩가루…, 아니다. 됐고.

어쨌거나 회사가 성장한 거면 그 이득도 합리적으로 분배해야 한다는 거지. 왜 사장이나 주주들만 이득을 챙기냐고. 사장만이 아니야. 임원과의 격차도 커. 2014년에 경제개혁연구소가 삼성전자 임원과 노동자의 월급 차이를 비교했더니 무려 143배였어. 그러면 노동자들이 일할 맛이 나겠냔 말이지."

"그래도 이거 굉장히 급진적인 발상이다. 싫어할 것 같아."

"이미 외국에선 하고 있어. 언론 보도를 보면 프랑스와 아일랜드는 몇 년 전부터 공기업과 공공금융기관의 임금상한선을 정하고 있고, 아까 네가 얘기했던 스위스에서는 최고경영자의 임금과 노동자 최저임금이 12배 이상 차이 나지 않아야 한다는 법안이 국민투표에 부쳐졌어. 비록 법안이 통과는 되지 않았지만. 심지어 미국도 파산 위기에 처한 기업을 지원하는 구제금융을 받은 기업의 임원들이 성과급이나 퇴직금을 많이 챙기지 못하도록 제한하는 법을 제정했어. 그러다 보니 외국에서는 임원과 노동자의 임금 차이가 20배를 넘지 않아."

"그래? 여러 나라에서 이미 하고 있네. 그러면 한국에서도 해야지."

"우리는 문제가 있지. 고양이 목에 방울을 누가 달 수 있을까? 한국에서도 임금상한제를 도입하자는 주장이 몇 차례 있었지만 받아들여지지 않았어."

"그러겠지. 대기업들 돈을 사과박스로 받는 사람들이 그런 법을 제정하겠어?"

"오, 간만의 현실적인 인식. 2012년 총선에서 노동당이 민간기업 임원은 최저임금의 100배, 공기업 임원은 최저임금의 10배 이상 보수를 받을 수 없게 하는 법을 만들자는 공약을 내놓았지. 정의당도 대기업 고위 임원의 연봉을 평균 임금의 20배 수준으로 제한하는 방안을 도입해야 한다는 의견을 내놓았고. 하지만 네 말대로 국회가 받아들이겠어?"

"아니, 그러면서 왜 그렇게 최저임금에 대해서는 국회가 낮추라고 난리래."

"그러게 말이다. 그만큼 한국의 정치권력이 힘 있고 가진 자들 쪽으로 쏠려 있는 거지. 최고임금을 제한하는 것도 좋지만 그와 더불어 얻는 좋은 효과가 또 있어. 그렇게 임원 연봉을 정하는 과정이 사회화되면 기업 경영도 투명해질 수밖에 없다는 거야. 지금처럼 재벌 일가들이 기업을 좌지우지할 수 없는 거지."

"지금도 기업들이 경영상황을 공개하지 않아?"

"그걸 '기업공시'라고 하지. 그런데 공개하고 싶은 부분만 공개하는 게 많아. 중요한 부분은 영업비밀이라며 공개하지 않지. 회계도 '분식회계'라고 해서 장부를 따로 마련해 두고. 불법이지, 그런데 그냥 하는 거야. 삼성바이오로직스 같은 대기업도 분식회계를 하고 있으니* 다른 회사들은 어떨까.

최고임금제도가 기업 경영을 투명하게 만든다면, 최저임금제도는 노동자의 힘을 강화시키지. 최저생활이 보장된다면 노동자들도 부당하거나 불법적인 지시를 거부할 수 있지 않겠어? 지금은 이 회사에서 해고당하면 어떤 처지에 놓일지 알 수 없으니 부당함도 참아야 하지만."

"야, 그건 정말 모두를 위한 최저임금제도와 최고임금제도 네. 꼭 되면 좋겠다."

"그러게. 나도 그러면 좋겠다."

필요한 몫을 제대로 나누는 것이 정의

"그런데 사람들은 최저임금이 계속 오르고 최고임금은 계속 낮아지길 원하지 않을까? 이런 질문 하면 또 지난번처럼 네가 사장이냐고 그러겠지만."

"논리적으로 좀 생각하자. 최저임금이 계속 오르면 최고임금도 올라가겠지. 최저임금에 준해서 인상되니까."

● 2018년 11월 14일, 국무총리 산하 금융위원회의 증권선물위원회는 삼성바이오로직스가 2015년에 회계기준을 고의로 어겼다며 검찰에 고발했다. 당시 삼성바이오로직스는 적자 기업이었을 때 보유하고 있던 자회사 지분의 가치를 4조 원 넘게 뻥튀기를 했고 이를 회계에 반영해 회사를 흑자 기업으로 바꿨다. 이런 회계 조작을 고의로 했다는 점이 인정된 것이고, 이로부터 대기업들의 관행이 드러났다.

"아, 그러네. 그러면 정말 모두를 위한 최저임금 인상이네."

"너 '사회정의'라는 말 아냐? 전두환 씨가 한 말 말고."

"사회정의는 잘 모르겠고 '정의란 무엇인가'라는 책 이름은 들어 본 것 같은데."

"그래, 그럼 너는 정의가 뭐 같으냐?"

"핸드폰 찬스 없어?"

"해 봐."

"음. 사회나 공동체를 위한 옳고 바른 도리. 뭐래, 더 모르겠네. 정의는 공정한 거 아냐? 누구에게나 법이 똑같이 적용되는 거."

"그건 정의가 아니라 법 앞의 평등 아니냐?"

"법 앞에 평등하면 정의로운 거 아냐?"

"평등이 누구에게나 똑같이 적용하는 거라면 정의는 차등적으로 적용될 수 있어. 예를 들어, 운동경기 할 때 체급을 왜 나누겠냐. 구분 없이 똑같이 하면 신체조건이 더 좋은 사람이 유리하기 때문에 차등을 두는 거지.

옛날에 아리스토텔레스가 그랬어. 정의에는 산술적 정의와 분배적 정의가 있다고. 산술적 정의는 네가 말한 대로 똑같이 나누는 거지만, 그것만으로는 사회정의가 실현되기 어렵기

때문에 분배적 정의가 필요하다고. 사람이 가난할 수는 있지만 그것 때문에 굶어 죽으면 안 되잖아.

때로는 여유 있는 사람들이 자기 몫을 내놓고 궁핍한 사람들이 더 많이 챙길 수 있어야 사회가 유지되지 않겠어. 옛날 한국에서도 가뭄이 들면 부잣집이 곳간을 열어 마을 사람들에게 먹을 것을 나눠 줬어. 그래야 욕심쟁이가 아니라 대인(大人)이란 말을 듣는 거지.

한 사회가 유지되려면 상황과 조건에 따라 서로에게 필요한 몫을 잘 나누는 게 중요해. 최저임금은 그런 의미가 있는 거야."

"그렇구나. 그냥 시급 얼마를 정하는 게 아니라 각자의 몫을 정하는 거구나. 그러면 누가 알아서 정해 주길 기다리는 게 아니라 요청도 하고 요구도 하고 그래야겠네."

"그래서 내가 정치라고 말한 거야. 줄자로 재서 여기서 여기까지는 누구 것, 이렇게 정하는 과정이 아니란 거지. 그리고 인간 사회의 재화를 누구 것이라고 정하는 게 쉽겠냐. 물은 누구 거고 공기는 누구 거고. 하나의 물건이 생산되는 과정에 수많은 사람의 노력과 땀이 스며들어 있고, 이제는 그 물건이 전 세계로 퍼지는데."

최저임금을 최고임금과 함께 논의하면 한국 사회가 겪고 있는 구조적인 문제들이 드러난다. 소수의 사람들이 너무 많은 자산을 독점하는 반면 많은 사람들은 생계조차 보장되지 않는 임금을 받으며 생활하고 있다는 점이 드러나기 때문이다. 이를 사회 양극화라고 말하기도 하는데, 이 양극의 격차가 줄어들수록 좋은 사회이다.

최근 한국에도 어려운 사회문제를 해결하는 데 공론화 과정이 도입되고 있다. 해당 주제에 관심을 가진 시민들을 모으고 이들에게 적절한 정보를 제공하고 찬반의 의견을 충분히 듣게 하며 서로 토론하게 해서 사회적인 합의를 모아 간다. 최저임금, 최고임금을 정하는 과정이야말로 공론화에 잘 들어맞는다. 최저임금과 최고임금에 대한 기준선을 공론화를 통해 결정하면 경제상황에 대한 시민들의 인식도 높아질 것이기 때문이다.

● Chapter 05

기업,
최저임금과
상생하다

● 나라 떠나는 기업들, 최저임금이 결정타?
● 기업이 적자를 보는 이유
● 약육강식을 따르는 기업 생태계
● 노동자들이 기업의 주인이 되면

나라 떠나는 기업들, 최저임금이 결정타?

"삼촌, 이 사설 봤어? "'최저임금이 결정타' 나라 떠나는 기업들"이라고. 어느 신문이냐 하면…."

"아, 됐어. 제목만 들어도 무슨 신문인지 알겠어. 뭐라고 적혀 있어?"

"뭣이여, 무당이여? 내용은 이런 거야. 한국의 대표적인 섬유기업이 생산설비 절반을 베트남으로 옮긴다고. 섬유기업의 경쟁력이 떨어지고 있는데 정부가 최저임금을 올려서 국내 사업장을 폐쇄한다네. 지난 3년 동안 영업이익으로 이자 비용조차 감당하지 못하는 기업이 3278개나 되는데 최저임금 계속 올리니 인력을 감축하거나 문 닫을 수밖에 없다고. 이건 지난번에 말한 모두를 위한 최저임금이 아니잖아."

"애야, 신문은 객관적일까? 너 영화 〈내부자들〉 봤어, 안 봤어?"

"그거 청소년관람불가 영화인데…, 봤지."

"거기 논설주간이 뭐 하디? 대통령 후보랑 대기업 회장이랑 만나서 서로 거래하잖아. 그게 영화에서만 벌어지는 일일까?"

"그렇지 않겠지. 그런 건 우리도 안다고. 하지만 기업이 어려운 건 사실 아냐?"

"자, 기업의 이윤은 어떻게 만들어질까. 물건이라면 원자재를 가공해서 상품을 만들겠지. 서비스라면 사람을 고용해서 서비스를 제공하고. 물건의 경우 원자재 가격과 가공에 들어간 비용(기계설비, 노동자 임금 등)을 가격에서 뺀 나머지가 순수익이겠지. 일단, 기업의 물건이 잘 팔린다 치고 보자고. 순수익이 많아지려면 원자재 가격이 낮으면 좋겠지. 그리고 가공에 들어가는 비용이 줄어들면 좋겠고. 그런데 기계설비는 돈을 많이 필요로 하기 때문에 노동자 임금에 반비례한다고 봐야 해. 즉 자동화, 기계화는 노동자의 일손을 대체하는 효과가 있지만 설비가격이 비싸기 때문에 너무 갑작스레 대규모로 기계화하면 되레 기업에 부담이 되지. 그래서 경영과 관련된 결정들을 잘 내려야 해.

그런데 그동안 한국의 기업들은 이런 골치 아픈 판단을 하지 않고 노동자들의 임금을 올리지 않는 방식으로 이윤을 취해 왔어. 그러다 최저임금이 오르기 시작하니까 힘들다고 소리치는 거지."

"기업을 너무 나쁘게만 보는 거 아냐?"

"물론 너무 단순화시킨 면은 있지. 하지만 기업의 적자를 임금 탓으로만 돌리는 것 역시 지나친 단순화야. 세계 경제의 불황, 원자재 가격 상승, 부정부패, 지나친 설비투자, 시장전략 실패 등 다양한 이유들이 있다고.

그리고 임금이 계속 올랐다고 하지만 물가 역시 계속 올랐고, 더 중요하게는 한국의 노동시간은 경제협력개발기구(OECD) 중 최상위권에 속해. 2017년을 기준으로 한국의 노동자는 연간 2024시간을 일해서 노동시간에서 전 세계 3위야. 가장 노동시간이 적었던 독일은 연간 1356시간이고. 한국의 노동자들은 독일의 노동자들보다 평균적으로 일 년에 두 달을 더 일하는 셈이지. 그럼에도 임금은 생계비를 완전히 보장하지 않아. 뭔가 문제 아니냐.

더구나 정부가 제공하는 사회복지서비스는 매우 부족해. 2019년을 기준으로 한국은 국민총생산(GDP) 대비 사회복지 예산 비중이 12.2퍼센트로 경제협력개발기구 38개국 중 밑에서 4위야. 1위를 차지한 프랑스는 예산 비중이 31.1퍼센트에 달해. 임금은 낮고 복지서비스는 부족하고, 노동자들은 어떻게 살아야 할까.

노동자만 생계가 어려울까? 한국전쟁 이후 한국 정부는 최저임금을 보장하지 않기 위해 저곡가 정책을 써 왔어. 임금이 낮아도 먹어야 하니 곡물 가격을 낮춘 거지. 그러다 보니 농민들의 생계도 보장되지 않아. 아이러니하지 않아? 열심히 농사를 지어 온 사람들이 먹고살기 힘드니."

기업이 적자를 보는 이유

"그렇게 임금을 낮게 줬는데도 왜 기업들은 적자라고 하는 거야?"

"그거야 워낙 이유가 다양할 수밖에 없지. 예전에 재벌 얘기했지. 가족들이 회사를 나눠서 경영하고 적은 지분으로 그룹을 운영한다고. 기업 자체의 성장보다 자기 가족의 이익에 더 관심이 많으면 기업이 어떻게 될까? 회사의 공금을 자기 쌈짓돈처럼 쓰는 사람들이 아직도 많아. 능력이 없는데 우리 회사라고 자기 자식들을 경영진에 앉히는 경우가 대부분이고. 그러니 기업이 잘될 리가 있겠어?

그리고 이런 말도 있어. 기업은 망해도 사장은 망하지 않는다고. 한보그룹이라고 들어 봤니? 한때 재계 서열 14위까지

올라갔는데 1997년에 부도가 나서 사라졌어. 정태수 회장이
점쟁이의 말을 듣고 사업에 투자했다는 건 그냥 에피소드라
고 치더라도, 정부가 대대적인 지원을 했지만 결국 5조 원의
빚을 남기고 기업이 도산했어. 정부지원금과 은행돈을 엄청

내가 왜?
나 종수라고!

부정부패

이봐요! 구경만 하지 말고
어떻게 해 봐요!

빌렸는데 그 과정에 대통령의 아들과 국가정보원의 운영차장이 개입되었지. 한마디로 부정부패로 성장한 기업이었어.

그런데 정태수 회장은 한보가 무너진 뒤에도 떵떵거리며 잘 살다 또 사고를 치고 카자흐스탄으로 도망쳐 사라졌어. 이런 영화 같은 일이 한국에는 엄청 많아."

"대박, 짱 좋았겠다."

"짱 좋았겠지. 그런데 한보 같은 회사가 한국에 100개가 있잖아. 그럼 나라 망하는 거야. 경제가 망하면 너는 무사할 것 같아?"

"그런 일이 한국에만 있는 거야?"

"다른 나라에도 부정부패는 있지. 하지만 시장경제를 지향한다면서도 소유와 경영을 분리하지 않고 기업을 운영하는 한국의 방식이 문제를 더 키우지. 그리고 기업이 정치인이나 공무원들에게 뇌물을 주고 특혜를 받는 문화가 너무 일상화되어 있어. 이른바 '접대 문화'이지. 이런 부패는 나라의 기반을 갉아먹는데, 한국에서는 관행처럼 되어 있지.

노동자의 임금보다 이런 잘못된 관행들과 부패, 기업주의 주먹구구식 경영이나 공금 횡령이 기업을 더 위험하게 만든다고."

"그래도 대기업이면 그런 일을 벌이기 쉽지 않을 것 같은데."

"2009년 쌍용자동차 총파업 아니? 노동자들이 공장을 폐쇄하고 파업을 벌였는데 결국 경찰이 진압을 했지. 그때 쌍용자동차를 매각할 때 이익이 나지 않는다고 그랬어. 그런데 나중에 확인된 사실에 따르면 회계장부가 조작된 거야. 기업이 부실하다는 이유로 대량해고를 하기 위해 회계장부를 조작했다는 거지. 이런 범죄도 마다하지 않는 것이 한국의 대기업이야.

물론 기업이 만든 상품이나 서비스가 제대로 팔리지 않으면 그것도 문제지. 그런데 한국은 내수시장보다 수출에 방점을 찍다 보니 수요-공급의 균형을 자체적으로 맞추기가 매우 어려워. 이런 부분이 기업을 정말 어렵게 만드는 거지."

"그렇다면 삼촌은 최저임금이 기업에 아무런 부담도 주지 않는다는 거야?"

"작은 기업들은 부담을 느낄 수 있지. 정부가 30명 미만 고용 사업장에 '일자리 안정자금'을 주는 이유도 그 때문이지. 기업들에게만 부담을 지우는 건 아니고 정부도 자기 몫을 하는 거야.

더구나 2018년 5월 28일 국회에서 최저임금 산입범위를 확대하는 최저임금법 개정안이 통과되었어. 그러면서 예전에는 임금에 포함되어 있지 않던 상여금이나 복리후생비 등이 최저임금에 포함되었어.● 이것 때문에 노동계와 기업, 정부가 충돌했고 아직 논쟁은 끝나지 않았어."

"어쨌건 삼촌 말은 기업이 어려운 건 최저임금 때문이 아니라는 거네. 하지만 대기업은 몰라도 중소기업은 여전히 어려울 것 같은데."

약육강식을 따르는 기업 생태계

"한국의 중소기업들이 겪는 가장 큰 어려움은 뭘까? 임금일까? 나는 판로 부족이라고 보는데. 그리고 판로를 확대시킬 수 있는 기술이나 경영 능력도 부족하고. 이런 부분을 고민하지 않고 모든 걸 임금 인상의 문제로 돌리는 건 한국 사회의

● 한국의 임금체계가 낮은 기본급을 각종 수당으로 보완하는 형식으로 만들어져 있어서 불합리하다는 지적이 있었다. 이건 임금체계를 개편하는 과정이기도 한데, 노동계는 최저임금을 인상하면서 산입범위를 확대하면 실질 임금이 오르지 않는다고 반박했다. 최저임금이 1만 원까지 올라도 실제 효과가 없다는 것이다. 반면에 정부와 기업계는 연봉 2500만 원 이하의 노동자가 기본급만 수령하는 경우가 많아 가난한 사람들에게는 영향이 없다고 주장한다.

참 나쁜 습관이지. 약자들이 약자를 모른 척해."

"가진 게 있어야 베풀지. 삼촌은 내 손에 돈이 없는데 다른 사람들한테 베풀 수 있어? 판로가 부족하면 경영이 어려워지니 당연히 임금을 줄일 수밖에 없지 않을까?"

"그런데 말이야. 중소기업이 판로를 찾는 일이 왜 계속 어려울까? 경제 규모도 커지고 수출도 늘어나는데 말이야. 전통적으로 한국 정부는 대기업들에 특혜를 주고 금융지원도 해서 수출주도형 산업을 육성하는 데 신경을 써 왔어. 대기업이 성장하면 중소기업도 동반성장할 거라 기대한 거지. 그걸 '낙수효과'라고 해. 그런데 대기업들은 엄청나게 성장했는데 중소기업들은 여전히 힘들어. 왜일까?

2017년에 중소기업연구원이 발간한 〈낙수효과에 관한 통계 분석이 주는 시사점〉 보고서에 따르면, 삼성전자와 삼성전자의 3차 협력업체 간 매출액 격차가 2000년 5850 대 1에서 2014년 1만 3100 대 1로 두 배 이상 벌어졌어. 대기업과 중소기업의 매출액 격차가 1만 배가 넘어. 이와 비슷한 비율 어디서 보지 않았어? 그렇지. 연봉 차이에서 봤지. 이게 한국의 경제 현실이야. 힘 있는 사람들이 더 많이, 더 빨리 가져가는 거지."

"여기 전국경제인연합회가 2012년에 발표한 조사 결과에 따르면, 10대 그룹과 거래하는 692개 협력업체의 성장률이 대기업보다 빠르고 순이익률도 증가했다고 하는데."

"거참, 너는 자료를 봐도. 그럼 이렇게 보자. 그 당시 〈한겨레21〉이 삼성전자와 현대자동차, 그리고 부품업체 775개 사의 영업이익률을 분석했는데, 삼성전자의 본사와 부품업체의 격차는 2009년 5.25퍼센트에서 2010년 5.75퍼센트로 증가했어. 그런 수치는 측정업체의 수와 측정방식에 따라 달라져."

"그러네. 그럼 중소기업들이 왜 이렇게 어려운 거야?"

"아까 말했듯이 상품을 생산하려면 원자재도 필요하고 그걸 가공하는 기술도 필요해. 기본적으로 원자재의 가격이 올라가면 그만큼 수익률이 줄어. 그리고 가공하고 제작하는 비용이 늘어나도 수익률이 줄어들고. 이건 기본적인 사실이고.

사실 한국의 진짜 문제는 따로 있어. 한국의 산업은 대기업과 중소기업이 하청관계로 묶여 있어. 대기업이 주문하는 대로 중소기업이 원재료를 가공해서 납품하는 방식인데, 대기업이 좋은 물건을 싼 가격에만 사려고 해. 중소기업 입장에서는 이 대기업 말고는 딱히 물건을 팔 곳도 없어. 그럼 어떻게 해야 할까?"

"헐값에 그냥 넘겨야겠지."

"그래, 한국의 대기업들이 주로 해 온 방식이 그런 거야. 하청관계를 이용해서 이득을 취하는 것. 더 나쁜 곳은 원자재 가격이 오르면 그걸 중소기업에게 부담시켜. 즉, 원자재 가격이 오르면 납품하는 물건의 가격도 더 올려 줘야 하는데 애초에 계약한 대로 지불하는 거지. 중소기업 입장에서는 그냥 울며 겨자 먹기로 받을 수밖에 없어. 심지어 될 성싶은 중소기업의 원천기술이 보이면 대기업이 기술협력이란 명목으로 그 기술을 뺏어 가기도 해."

"와, 세상에. 날강도가 따로 없네. 정부는 가만히 있어?"

"법으로는 그런 걸 금지하지. 공정거래위원회란 곳이 그런 걸 막는 곳이지. 문제는 대기업들의 힘이 강하고 정치인, 공무원과 대기업의 유착관계가 강하다 보니 그런 감시와 감독이 제대로 안 이뤄진다는 거지.

오죽했으면 정부가 2006년에 대ㆍ중소기업 상생협력 촉진에 관한 법률까지 만들어 대기업과 중소기업이 서로 도와 가며 함께 잘 살 수 있는 원만한 관계로 나아가도록 이끌려고 했을까. 이 법률은 '성과공유제'(제8조)라고 원청기업(하청을 주는 기업이나 공장)과 하청기업이 공동의 목표를 합의하고 달성하도록 정부가 지원한다는 것까지 규정하고 있어. 하지만 의무적인 건 아니니 기업들이 잘 안 따르지. 그리고 이 법에 따르더라도 결국은 대기업이 협조를 해야만 가능한 거야."

"그럼 중소기업 입장에서는 이렇게 대기업과 상생관계만 잘되어도 숨통이 트인다는 거네."

"그렇지. 대기업들의 단가 후려치기와 불공정한 하도급 거래만 개선되어도 나아질 거야."

"그런데 왜 자꾸 노동자들의 최저임금만 얘기하는 거야. 그런 부조리는 그대로 놔두고. 그렇게 해서 중소기업이 자꾸 망하면 일자리도 줄어드는 거 아냐. 실제 일자리는 중소기업이 더 많이 만든다며."

"내 말이."

노동자들이 기업의 주인이 되면

"삼촌, 그러면 노동자들에게 임금을 제대로 주면서도 발전하는 기업은 없어?"

"전 세계에서 가장 좋은 기업이 어딜까?"

"샌드박스 네트워크."

"초등학생이냐?"

"그럼, 구글."

"구글이 왜 꿈의 직장인데?"

"거기는 4시 30분 이후에는 업무 약속을 못 잡도록 캘린더를 막아 놓는대. 밥도 맛있고 복지시설도 잘되어 있고 짱이라던데. 상급자라고 막 갈구지도 않고 재택근무를 하는 등 근무 시간도 자유롭고. 연봉도 많이 준대."

"음. 너는 아까까진 기업 망하는 거나 노동자들이 열심히 일하지 않는 거 걱정했으면서 꿈의 직장은 일과 업무의 경계가 자유롭고 돈 많이 받는 곳에서 찾는구나. 사람이 참."

"헐, 그게 인간의 자연스러운 마음 아님?"

"그럼 한국에서 꿈의 직장은 어딜까?"

"한국에 꿈이 있을까?"

"음, 그건 그래. 그래도 인터넷으로 한번 찾아봐."

"제니퍼소프트, 구글코리아, 나이스평가정보, 마이다스아이티, 뭐 이런 곳인데."

"제조업은 안 보이지?"

"그러네. 대부분 IT 업계야."

"왜 그럴까?"

"아까 말한 하청관계에서 자유로운 곳 아닐까?"

"오, 똑똑한데. 그렇지. 기존의 한국경제 문법에서 좀 자유로운 곳들이지. 물론 외국계 기업들이 한국 들어와 적응해서

못된 짓 하는 곳도 있지만."

"하여간 세계관이 부정적이야."

"주방용품을 제조하는 곳 중에 키친아트라고 있어. 법정 관리에 들어간 망한 기업을 2000년에 노동자들이 월급과 퇴직금 등을 조건으로 걸어 자산과 브랜드를 양도받아 노동자 자주관리회사*를 설립했어. 노동자들은 순이익의 40퍼센트는 주주들에게 배당하고, 30퍼센트는 공장 설비를 위해 적립하고, 30퍼센트는 사회복지기금으로 사용한다고 결정했어. 지금도 키친아트는 건실하게 유지되고 있지. 요즘은 수익의 10퍼센트를 떼서 지역의 노동자들을 돕고 있어."

"와, 그런 훌륭한 기업도 있었네."

"노동자들이 스스로 기업을 관리하니 앞서 말했던 기업의 불투명하고 부조리한 관행들이 사라지고 기업과 노동자들의 이익을 위해 회사의 이윤이 사용된 거지. 내가 꼭 기업을 반대하는 사람은 아니라고."

"별로 믿기진 않지만 그렇다고 해 줄게."

● 노동자 자주관리회사는 노동자들이 직접 경영에 참여하고 투명하게 경영해서 노동자의 이익을 보장하는 기업이다. 경영진이나 대표들이 투표로 선출되고 노동자들이 사내의 중요한 결정들을 함께 내린다. 키친아트 외에도 청주시에서 버스를 운행하는 우진교통도 유명하다.

최저임금이나 갑질 얘기를 하면 종종 노동조합을 대변하는 반기업 정서라고 비판을 받는다. 그렇지만 그런 반기업 정서를 누가 만들까? 노동을 하는 것이 부끄러운 일이 아니듯 특정 기업에 대해 무조건 반감을 가질 이유도 없다. 기업도 하나의 집단이라면 애사심은 내가 그 구성원임을 자랑스러워할 때 생긴다. 문제는 한국의 기업들 중에 그런 기업이 별로 많지 않다는 점이다. 기업의 부정부패는 끊이지 않는 반면, 좋은 기업의 사례를 찾기는 하늘의 별 따기다.

물론 좋은 기업이 기업의 힘으로만 만들어지거나 유지되기는 어렵다. 그런 기업이 성장할 수 있도록 정부가 좋은 조건을 보장하고 시민들이 그런 기업의 물품과 서비스를 적극적으로 구매해야 한다. 그러면 그 기업은 좋은 일자리를 만들고 좋은 상품을 만드는 것으로 시민에게 보답할 것이다. 이런 선순환이 늘어나야 하는데 아직까지는 그런 사례가 소수에 불과하기에 반기업 정서를 누그러뜨리지 못하고 있다.

● **Chapter 06**

동네 편의점들
모두 문 닫기 전에

● 왜 한국에는 자영업자가 많을까?
● 무엇이 영세자영업자를 울리나?
● 함께 잘 사는 골목상권

왜 한국에는 자영업자가 많을까?

"삼촌. 내 친구가 아빠한데 최저임금 얘기했다가 욕먹었대."

"그분 뭐 하시니? 혹시 치킨집?"

"오잉, 어떻게 알았어?"

"한국의 퇴직자들이 가장 많이 선택하는 대안이 치킨집. 공정거래위원회의 조사에 따르면 한국의 치킨 프랜차이즈 가맹점이 2만 2600개. 프랜차이즈가 아닌 치킨집까지 합치면 대략 4만 개가 넘을 거야. 전 세계 맥도날드 햄버거 매장 수보다 많아. 놀랍지 않니?"

"오오, 삼촌은 정말 별걸 다 아는구나."

"그러니까 앞으로 나를 척척박사라⋯."

"됐고. 그 아빠가 최저임금 때문에 힘들어 죽겠는데 친구가 최저임금이 더 올랐으면 좋겠다고 말해서 최저임금 인상분만큼 용돈 깎였대."

"야, 그 아빠 독하신 분이구먼."

"지난번에 중소기업에 관해서는 얘기를 했잖아. 거기는 그렇다 쳐도 자영업은 정말 힘들다던데. 삼촌은 어떻게 생각해?"

"자, 한국의 자영업자 수는 2018년 기준 약 563만 명, 전체 취업자 대비 25.1퍼센트로 전 세계에서 매우 높은 편에 속해. 경제협력개발기구 38개국 중 한국보다 자영업자 비율이 높은 나라는 콜롬비아(52.1%), 그리스(33.5%), 브라질(32.5%), 터키 (32.0%) 등이야. 가장 낮은 미국(6.3%)의 약 4배, 독일(9.9%)이나 일본(10.3%)의 2배 이상이야.

한국에 왜 이리 자영업자가 많을까? 보통은 경제상황이 좋지 않고 임금노동자의 처우가 좋지 않은 곳에서 자영업자들이 늘어나. 왜? 기업이 노동자들을 해고시키거나 노동자들이 못 버텨서 회사를 나오니까. 더구나 이런 곳에서는 한번 회사에서 잘리거나 자기 발로 나가면 그다음에 취업이 안 돼. 한국의 회사는 사람을 갈아 넣는 컨베이어 벨트라 계속 새로운 사람을 집어넣고, 제 발로 나온 사람을 부적응자로 몰아붙이거든.

그런데 자영업을 하면 먹고살 수 있나? 한국의 자영업자 중 연 매출 3000만 원 이하의 영세자영업자가 130만 명이나 돼. 그리고 직원을 두지 않는 자영업자 비중이 전체의 70퍼센트를 넘어. 한마디로 가족들의 삶을 갈아 넣어서 가게를 운영한다는 거지. 더구나 자영업 중 가장 높은 비율이 도소매업이나 음식점, 숙박업 등 경쟁이 치열한 곳이야. 가게를 열어도 먹고살기 어려운 거지. 이게 최저임금 탓일까?"

"가게가 어려우니 최저임금을 주기 어려운 거 아냐?"

"직원 없이 가족들이 운영하는 곳이 전체의 70퍼센트야. 물론 가족 사이에도 최저임금 얘기가 오갈 수 있지만 형편이 어려운 곳이 대다수라 최저임금의 영향을 바로 받지 않는단 얘기지. 물론 직원을 많이 두는 가게는 어려울 수 있지. 그런데 좋은 직원이 오래 일하며 서비스의 질을 높이는 게 좋을까, 조건이 좋지 않아 사람이 계속 바뀌면서 서비스의 질이 떨어지는 게 좋을까?"

"그렇지만 적자를 보면서 최저임금을 맞춰 줄 수는 없잖아. 자영업자가 최저임금도 못 번다는 얘기도 많던데."

"최저임금 안 맞춰 주면 월급 받는 사람은 어찌 사나. 그리고 이 가게에서는 월급 받는 노동자이지만 다른 가게에서는 손님이야. 더구나 자영업 중 가장 높은 비율이 도소매업이나 음식점, 숙박업 등 경쟁이 치열한 곳이야. 손님들 주머니가 두둑해야 경기가 살아나지."

"호오, 그것도 그러네. 우리도 피시방이나 이런 데 가면 손님이란 말이지. 같은 값이면 친절한 곳이 좋지."

"그러니까, 일이 손에 익어야 여유도 있고 친절하지. 게다가 지나치게 감정노동을 요구하는 것도 문제야. 필요한 물건이나 서비스를 구매하면 되지 한국은 지나치게 친절을 강요해. 먹고사는 것도 어렵지만 몸이 힘든데도 방긋방긋 웃어야 해. 그런 굴욕적인 감정이 더 힘들지 않을까? 너희 부모님도 자주 하는 말이 있잖아. 목구멍이 포도청이라고. 그 말 뜻 아니?"

"배가 고프면 포도청에 잡혀가더라도 먹을 것에 손댄다는 거지. 장발장이잖아."

"그만큼 먹고사는 게 중요하다는 의미이지. 자영업은 말 그대로 사업의 성공과 실패를 한 개인이 온전히 책임져야 하는 거야. 경기의 영향을 직접 받는 사람이 많다는 건 그만큼 그 나라 경제가 취약하다는 거야. 그러니 자영업자들이 어려우면 최저임금을 낮출 게 아니라 그런 사람들이 다시 취업할 수 있도록 기회를 마련해 주는 게 더 올바른 방안 아닐까?"

"그래야 할 것도 같은데, 그런 일은 정부가 맡아야 하나?"

"민간이 맡을 수는 없잖아. 그런 일 하라고 우리가 세금 내는 거 아니니. 정부는 질 좋은 일자리들이 늘어나도록 해야지. 유가증권시장에 상장된 회사들이 2016년에 전년 대비 4조 원이 넘는 영업이익을 거뒀지만 일자리는 1만 3000개 이상 줄었어. 이래서는 안 돼. 정부가 나서야지. 어려운 자영업자들이 다른 일을 해서 먹고살 수 있도록 해 줘야지."

"아, 그래도 가게들이 없어진다니 왠지 슬프다. 우리 알바자리도 사라지는 것 같고."

"가게를 지키고 싶어? 그러면 최저임금이 아니라 다른 곳을 봐야 해."

"뭘 봐?"

무엇이 영세자영업자를 울리나?

"한국의 자영업자가 벌어들인 매출액이 어떻게 쓰일까? 매월 수익을 정리하면 뭐부터 결제를 해야 할까?"

"공과금?"

"야, 그건 가정집이고."

"가게마다 다르지 않을까?"

"자영업 중 가장 많은 식당들은 어떨까? 식당이 가장 돈을 많이 쓰는 곳은?"

"음식 재료 아냐?"

"빙고. 그다음은?"

"월급?"

"직원이 있으면 그렇지. 만약에 없어. 그러면?"

"월세?"

"빙고. '조물주 위에 건물주'라는 말이 있을 정도로 한국은 건물을 가진 사람 마음대로 시세가 정해지지. 임대료가 높아서 문제라는 말도 있는데, 그건 월세가 아주 비싼 곳 얘기일 거고, 정말 문제는 상권이지. 가게가 좀 될 만하면 와서 비워 달라고 하니 장사를 하기가 굉장히 불안정한 거지. 그리고 돈 내고 임대를 했으면 그동안은 내 가게인데 한국은 안 그래. 건물주라는 이유로 온갖 간섭을 한단 말이지. 경제적으로도 힘든데 사람대접도 못 받아. 이게 뭐니."

"그러게. 요즘은 유명 연예인들도 건물을 많이 사는데 거기 있던 사람들 쫓아내서 논란이 되고 그러더라. 돈도 많은데 왜 그런데."

"그러게. 그 사람들은 왜 그런다냐. 자영업은 힘들고 돈도 못 벌어. 장사가 어떻게 될지 몰라 불안해. 그러니까 자영업자들이 선택하는 게 프랜차이즈야. 본사가 광고도 하고 품질도 일정 정도 보장되고 사람들도 간판을 알아보니까 이게 그나마 낫겠다 싶은 거지. 그런데 이게 또 악순환이야. 너 갑질이라고 들어 봤지?"

"당근. 힘 있다고 괴롭히는 나쁜 짓이지."

"본사가 얼마나 치사하냐면 이런 식이야. 서울시에 신고된 사례들인데, 광고 때문에 프랜차이즈에 들어갔는데 광고비를 막 떠넘겨. 광고비 명목으로 월 매출액의 3~5퍼센트를 가져가. 아니면 식재료에 광고비를 붙여서 가격을 매겨. 이게 뭐냐고. 그리고 프랜차이즈에 가입하면 그 회사에 맞게 인테리어를 바꾸는데 여기서 또 비용을 부풀려서 가져가. 본사에서 구매해야 하는 물품 가격도 비싸. 놀라지 마, 더 있어. 프랜차이즈 본사는 법인이 아니라 개인사업자로 되어 있어. 그래서 회사의 정보도 공개가 안 돼. 본사가 얼마나 챙기는지 가맹점들도 몰라. 이게 뭐냐 말이지.

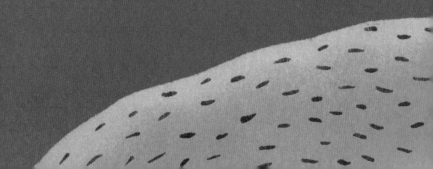

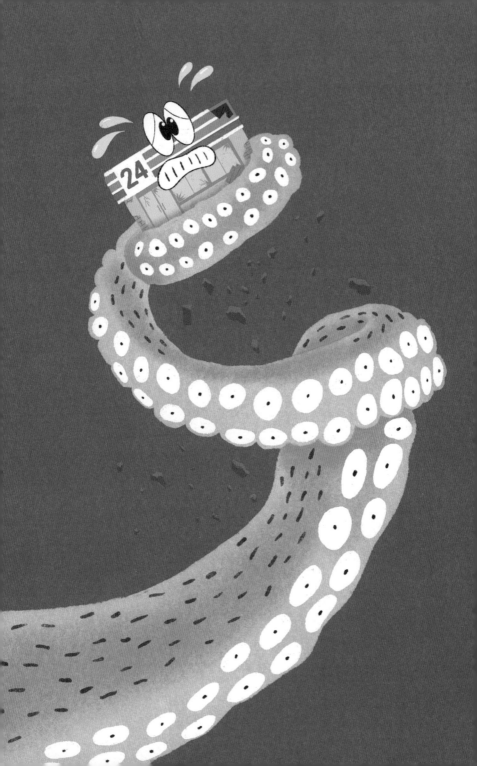

옛날에는 동네마다 구멍가게나 슈퍼가 있었는데 요즘은 다 편의점이야. 2016년 기준으로 전국 프랜차이즈 편의점 매장 수가 3만 2000개를 넘었어. 편의점 주인들은 거의 자영업자 라고 봐야 하는데, 여기서도 똑같은 문제가 발생해. 시설, 인 테리어 비용을 본사가 비싸게 받아. 본사가 공급하는 물건값 도 일방적으로 결정해. 그리고 매월 모든 매출액에서 높은 비 율을 떼 가. 그러면서도 가게 임대료나 인건비는 본사가 하나 도 책임지지 않아. 무슨 이런 장사가 다 있냔 말이지."

"그러게. 봉이 김선달보다 더한 사람들이네."

"어머, 웬 봉이 김선달. 올드하게.

이런 대우를 받으니까 주인들이 생각하면 내 처지가 알바 랑 다를 바 없는데 왜 저기만 임금을 올려 주라 그래, 이런 불 만이 생겨, 안 생겨?"

"생기지."

"그러면 가난한 주인과 가난한 노동자가 서로 막 싸워. 임 금을 달라, 싫다, 이러며. 그런데 정작 이득은 누가 챙겨? 그 싸움 현장에 없는 사람들이 이득을 챙겨. 이거 뭔가 근본적으 로 잘못된 거 아니냐."

"그럼 그 숨어 있는 진짜 사장들이 나오게 만들려면 어떻게 해야 해?"

"지금 법으로는 나오게 만들 방법이 없어. 그나마 언론을 타서 욕을 먹으면 잠깐 사과하러 나올까. 예전에 남양유업 갑질 사건 알지? 안 팔리는 물량을 막 떠넘기고 점주에게 욕설하며 갑질해서 논란이 된 회사. 지금은 갑질을 할까, 안 할까?"

"할 것 같아."

"그러니 이 사회가 우울한 거야. 뭔가 문제가 드러나면 그걸 반드시 바로잡아야 하는데 시간이 좀 지나면 흐릿해져. 그래서 문제의 원인이 사라졌는지, 이후 처리과정은 공정했는지, 뭐 하나 깔끔하게 해결되는 게 없어.

그래서 을들의 연대, 뭐 이런 얘기를 하지만 없는 사람들이야 살아남기 바쁜데 어디 연대하기가 쉽나."

"그럼 어떻게 해야 해?"

"세상에서 힘없는 사람들이 느끼는 가장 큰 두려움이 뭔 줄 아니? 혼자 버려지는 거야. 같이 싸우는 줄 알았는데 어느 순간 보면 혼자 있어."

"그럼 무슨 방법이 있어?"

"다 할 순 없고 핵심적인 것만 얘기하자. 한국의 자영업자가 살아나려면 일단은 적대적인 경쟁시장이 좀 바뀌어야 해. 골목 하나에 편의점이나 치킨집이 두세 개면 생존이 가능하겠어?"

"그렇다고 정부가 가게 문을 닫게 할 수는 없잖아."

"그렇지만 기업들이 질 좋은 일자리를 만들고 일자리를 늘리도록 유도할 수는 있지. 마찬가지로 최저임금으로 노동자의 최저생계를 보장하고 재취업을 할 수 있도록 보장해서 어쩔 수 없이 자영업을 선택하는 비중을 줄여야지. 꼭 하고 싶은 사람들은 어쩔 수 없어도."

"그렇게 보면 어떤 면에서는 최저임금제도가 도움이 되는 거네. 최소한의 생계를 보장받을 수 있어 숨통을 틔울 수 있으니."

"그렇지. 그리고 프랜차이즈 회사라면 본사가 인건비의 일정 부분을 책임지는 게 맞지. 수익은 가져가면서 부담은 지지 않겠다는 건 너무 이기적인 발상이잖아. 필요하다면 본사가 직접 지점을 내서 직영하는 것도 필요해. 그러면 점주가 모든 걸 책임지지 않고 여기도 고용된 노동자이니 최저임금제도를 놓고 노동자끼리 서로 싸울 일도 줄어들지."

"정부와 사회가 최소한의 생계를 보장하도록 해서 자영업으로 몰릴 수밖에 없었던 경제구조를 바꿔야 한다는 거지?"

"오오, 똑똑해지고 있어. 갈수록 다양해지고 복잡해지는 사회에서 개인이 모든 걸 감당해야 하는 구조는 최소화하는 게 좋다는 거지. 그리고 많은 시민들에게 꼭 필요한 공통의 서비스는 시장에 맡기지 말고 공공화해서 보장하는 게 좋지."

"공공화해서 보장한다는 게 무슨 말이야?"

"영리기업이 이윤 논리에 따라 가격을 높이고 낮추는 방식보다는 비영리기업이나 공기업이 공공성의 원리에 따라 필요한 재화를 공급하는 게 좋다는 얘기이지. 요즘 많이 얘기되는 협동조합이나 사회적 기업, 마을기업 같은 것들이 이런 역할을 담당하는 기관들이야.

이건 상품만이 아니라 건물과 같은 것에도 적용될 수 있어. 시민이 공동으로 토지와 건물을 소유하고 관리해서 여기서 나온 수익으로 공동의 자산을 계속 늘려 갈 수도 있거든. 그러면 이런 토지와 건물에서는 임대료가 비싸지 않을 수 있지.

물론 이렇게 되려면 지금처럼 개인의 소유를 보장하는 데 초점을 맞춘 법과 제도가 좀 바뀌어야 해."

"이게 학교에서 배우던 거랑은 좀 다르네."

"기본적으로 사람들이 서로의 처지에 관심을 더 쏟고 모두에게 이로운 것이 나에게도 이로울 거라는 인식을 하게 되면 세상이 좀 바뀔 거라고 나는 본다. 임금을 덜 주고 가격을 싸게 하는 방법이 아니라 좋은 노동을 보장하고 적정한 가격에 판매하고 사는 것을 당연하게 여기는 사회가 오면 우리가 좀 더 행복하게 살 수 있지 않을까."

"오, 웬일로 해피엔딩으로 이야기가 끝나네."

"나는 원래 낭만적인 사람이거든."

"네네."

〜◡◠◡〜

　예전에 회사 생활이 힘들면 사람들은 말했다. 다 때려치우고 안 되면 길거리에 좌판이라도 깔지 뭐, 안 되면 고향으로 돌아가 농사짓지 뭐. 그러나 이제는 길거리에 함부로 좌판을 펼 수도 없고 농사는 밥 먹고 살기 너무 어려운 일이 되었다. 힘들어도 억지로 참거나 삶을 완전히 놓아 버리거나, 한국 사회는 돌아갈 곳이 없는 사회이다. 쉬운 선택이 아니어야 할 자영업은 중산층의 무덤이 되고 있다.

　이런 상황에서 을들의 연대가 얘기된다. 영세자영업자와 저임금 노동자들이 손을 잡고 재벌 중심, 대기업 중심의 경제 구조를 바꿔야 한다는 주장이다. 맞는 얘기이다. 다만 둘이 손을 잡았을 때 서로에게 어떤 이득이 있는지가 분명하지 않다. 그리고 아주 오래 걸릴 것이 분명한 전환의 시간을 어떻

게 함께 버틸 수 있을지 구체적인 방법이 필요하다. 더 많은
실험들이 필요하다.

"삼촌, 키오스크라고 알아?"

"모르면 가르쳐 주게?"

"아, 모르는구나."

"키오스크, 무인주문시스템. 요즘 패스트푸드점이나 식당에 많이 도입되는 시스템이지."

"대박, 삼촌 엄청 똑똑하구나."

"척척박사라고나 할까, 나 실제 박사임."

"아, 됐고."

"그런데 그건 왜 물어봐?"

"오늘 학교에서 4차 산업혁명에 대해 배웠거든."

"요즘 학교에선 별걸 다 가르친다. 아직 명확하게 정의도 안 된 것을. 그리고 혁명이라 부르기엔 아직 이르다고 본다."

"4차 산업혁명도 알아? 똑똑한 거 인정. 어쨌거나 4차 산업의 시대가 오면 한국에서만 100만 개가 넘는 일자리가 사라진다는 얘기도 있던데. 지금도 실업률이 높은데 100만 개나 사라지면 나중에 우리가 일자리를 찾을 수 있긴 한 거야."

"그 논리대로 가면 기계가 인간의 노동을 대체하겠지. 그러니 영화 〈터미네이터〉에 나오는 것처럼 인간이 기계들에 맞서 싸워. 19세기에도 그렇게 기계랑 싸우는 사람들이 있었다."

"아, 진짜. 그게 삼촌이 조카에게 할 소리냐."

"그럼, 어쩌라고. 네 얘기대로라면 이미 일자리는 줄어들고 있는 건데. 지하철, 은행, 음식점, 모두 사람들의 손을 기계로 대체하고 있잖아."

"그러게. 예전에는 기계가 바둑에서는 인간을 절대로 이길수 없다고 했는데, 이제 인공지능(AI)이 바둑 천재도 이기는세상이잖아. 매뉴얼이 있는 건 기계가 인간보다 더 잘하기 때문에 상담하거나 계산하거나 단순노동을 하는 직업은 다 사라진대."

"뭐 늘어나는 일자리는 없다니?"

"사물인터넷, 인공지능, 빅데이터, 가상현실, 3D프린팅, 드론, 로봇, 이런 쪽 일자리는 늘어난다고 하던데."

"그중에서 네가 잘할 수 있는 일은?"

"음, 큰일이네."

"맞아. 큰일이야. 세상이 그렇게 바뀐다는데 그 세상에 적응 못할 사람들은 그걸 너무 당연하게 여기고."

"아냐, 잔소리는 좀 그만하고. 어쨌거나 4차 산업시대가 되면 일자리가 줄어들어. 그러면 최저임금이 보장될 수 있을까?"

"내가 누누이 말했지. 최저임금은 일자리의 수가 아니라 노동자의 최저생계와 관련된 거라고. 생계를 이어 가기에 충분한 임금을 받지 못하는 노동자가 존재하는 이상 최저임금제도는 유지되어야지. 모르지, 기본생필품이나 사회서비스가 다 무료로 바뀌어서 임금을 받지 않아도 생활할 수 있는 사회가 오면 없어질 수도 있겠다."

"그러면 4차 산업시대가 와도 최저임금제도는 유지된다는 거야?"

"유지되는 게 아니라 유지되어야 하는 거지. 옛날 사람들은 이렇게 생각했어. 기계화, 자동화가 이루어지면 인간이 힘든 노동을 하지 않고도 먹고살 수 있을 거라고. 그러면 경제적인 부도 좀 골고루 분배되고. 그런데 실제 현실은 달랐어. 자동화가 도입되었는데 사회 양극화는 더 심해지고 소수의 사람들이 더 많은 부를 축적했어. 반대로 힘들게 일하는 사람들은 스스로 목숨을 끊을 정도로 힘들어. 왜 그럴까?"

"기계가 사람의 일을 대신해서 생산량은 더 늘어났는데 더

욱더 먹고살기 힘들어졌다…. 그러게. 왜 그럴까? 기계가 사람의 일자리를 대체하니 일자리가 줄어서?"

"실업률이 높긴 하지만 기계 때문에 일을 못 한다고 할 정도는 아니야. 기계보다는 여전히 사람이 사람의 적이지. 기계가 스스로 작동하느냐, 아니면 누군가가 스위치를 껐다 켰다 해 줘야 하느냐. 인류의 꿈은 혼자서 영구적으로 작동하는 기계 장치였어. 하지만 외부 에너지 없이 홀로 움직이는 기계는 아직까지 존재하지 않아. 그러면 결국 그 에너지를 관리하는 사람들이 기계를 관리하고 기계와 연결된 사람들을 관리하지. 그러다 보니 소수의 사람들이 그동안 과학기술 발전으로 얻은 결과물을 다 통제하고 있어.

생각해 봐라. 인터넷이라는 공유지도 지금 어떻게 바뀌었는지. 무료처럼 보이지만 실제로는 나와 우리의 개인정보라는 값을 치르고 이용하는 거야. 그리고 그걸 통제하는 곳은 점점 더 소수가 되지. 경제가 지구화되면서 이제는 정부가 요구해도 초국적기업은 응하지 않을 자유를 가지게 되었어. 지구경제를 규제할 정부는 아직 없고 지구를 누비는 기업들은 많으니까."

"그럼 그 소수의 사람들은 왜 최저임금을 보장해야 하는 거

야? 다수를 통제하기 위해서?"

"그 다수가 있어야지 시장도 유지돼. 생산만 하면 뭐해, 경
제는 생산과 소비, 공급과 수요로 유지되는 거잖아. 그리고
아직까지는 기계가 아니라 사람에게서 이윤이 나오니까."

"그럼 최저임금은 어떻게 되는 거야? 사장이 한국에 없어,

외국기업이야. 그래도 유지되는 거야?"

"최소한 국내에서는 적용 가능한 거지. 초국적기업도 한국에서는 국내법을 따라야 하니까. 물론 무조건 따르는 것은 아니지만 말이야."

"그래도 국내에서 장사를 하려면 그 나라 법을 지켜야 하는구나. 사라지는 일자리와 새로 생기는 일자리를 고려하면 최저임금제도는 계속 필요한 거구나. 새로 만들어지는 일자리가 반드시 꿀알바란 보장은 없으니. 그러니 문제는 일자리의 수가 아니라 질이네."

"오, 맞아 맞아. 드디어 똑똑해졌어."

4차 산업혁명의 혜택을 모두에게 공평하게

"그래도 일하는 시간은 좀 줄어드는 거 아닐까? 그리고 일하는 시간이 줄어들면 그에 따라 시급도 줄어드니 임금도 줄어들고."

"4차 산업시대의 일자리에서 시간은 얼마나 중요한 걸까? 옛날에는 컨베이어 벨트가 돌아가고 노동자가 자리를 지키며 그 벨트에 놓인 상품을 조립해야 했으니 일하는 시간이 곧 임금이었어. 그런데 4차 산업시대에도 그럴까?"

"음, 그건 좀 달라지겠지. 가만히 자리에 앉아서 해야 할 일도 있지만 그렇지 않은 일도 있을 테니."

"그렇지 않은 일들 중에 대표적인 게 뭘까?"

"드론? 그거 띄우려면 막 밖으로 쏘다녀야 하지 않을까?"

"어휴, 너는 드론 전문가가 드론 조종하는 사람인 줄 알지."

"아, 아냐? 아님 말고."

"일단 그렇다 치고. 봐라. 드론을 공중에 띄우는 시간보다 그걸 띄우러 가는 시간이 길겠지. 그리고 드론을 조종하고 있으면 본인은 일하는 건데 옆에서 보면 그 사람이 노는 것 같을 거야, 그렇지? 보통 노동이라고 하면 어렵고 힘들고 이런 걸 생각하는데 요건 좀 틀려. 그리고 유튜브 크리에이터들 보면, 저게 일하는 건지 노는 건지 알 수가 없잖아.

결국 4차 산업시대의 최저임금은 노동시간 단축이 아니라 노동시간의 성격과 연관될 수밖에 없어. 어디까지가 노동이고 어디까지가 놀이일까. 그러다 보면 최저임금은 몇 시간 일했는지에 따라 받는 임금이 아니라 생활하기 위해 받는 생활임금이 될 거야."

"생활임금?"

"생활임금이라는 말은 이미 쓰는 말이야. 물가, 노동자와 부양가족의 최저생계비를 고려해서 노동자의 최저생활비를 보장해 주는 임금인데, 서울시도 생활임금조례를 제정해서 공공부문 노동자들의 최저생계비를 보장해 주고 있어. 최저임금에서 조금 더 나아간 제도이지.

그렇지만 아직까지 생활임금은 최저임금에 일정 비율을 더해서 지급한다는 점에서 여전히 시간당 얼마라는 조건에 묶여 있어. 내가 말한 생활임금은 시민의 생활을 보편적으로 보장하는 걸 뜻해."

"그러면 삼촌이 말한 게 더 발전된 제도네."

"그럼, 나는 언제나 한 발짝 앞선…."

"됐고, 그래서 누구도 알아주지 않는. 어쨌건 4차 산업시대에는 노동시간이 줄어들지만 그것 때문에 최저임금제도가 후퇴하면 안 된다는 거네. 그리고 노동시간이 임금의 기준이 아니기 때문에 후퇴할 이유도 없는 거고."

"그렇지. 4차 산업의 자동화가 정말 기대만큼 눈부신 성장을 이뤄 낸다면 그 성과를 굳이 노동시간에 따라 분배할 이유가 없는 거지. 기계화, 자동화가 이뤄 낸 성과는 모든 시민에게 평등하게 분배되어야 하지 않을까."

"그렇지. 파이가 커지면 굳이 적게 잘라 줄 이유가 없잖아. 4차 산업이 비약적인 변화를 가져온다면 그걸 공평하게 나눠 야지. 요즘 우리 세대가 가장 분노하는 게 바로 공정하지 않 은 거라고."

"예전에 얘기했던 공정함과 정의가 다르다는 점만 잘 기억 해 줘."

"아, 분배적 정의. 기계적인 공정함이 아니라 상황과 조건 에 따라 서로의 몫을 잘 나누는 거. 알지."

"오, 훌륭해."

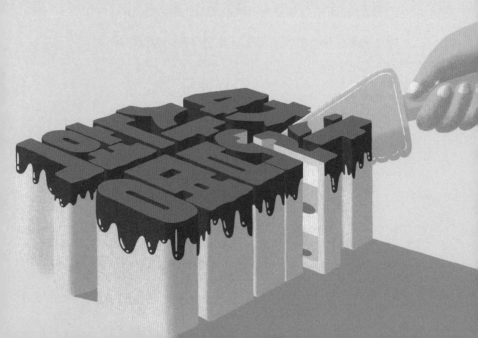

허물어지는 일과 놀이의 경계

"그런데 아까 얘기했던 일과 놀이라는 게 요즘 얘기하는 워라밸(Work & Life Balance)인가?"

"아니, 그렇게 어려운 단어는 어디서 들었어?"

"요즘 가끔 방송에 나오던데. 일과 생활의 균형이라고. 너무 많이 일하는 한국인들에게는 이게 필요하다고."

"경제협력개발기구가 매년 '더 나은 삶 지표(Better Life Index, BLI)'라는 걸 발표해. 총 11개 영역인데 워라밸도 이 중 한 영역이야. 한국이 여기서 몇 등을 했을까? 2018년 기준으로 경제협력개발기구 38개국과 그 외 2개국(러시아, 브라질 포함)을 더한 40개국 가운데 30위. 특히 워라밸은 37위였어. 2017년보다 더 떨어졌어."

"역시 한국은 놀이와 거리가 먼 나라구나. 그런데 왜 크리에이터는 그렇게 많을까? e스포츠도 한국이 세계 최강국이고."

"왜 그럴 것 같아? 여기는 놀이도 일처럼 하는 나라라서 그렇지 않을까? 한국은 스타크래프트도 잠 안 자고 온종일 연습해서 프로게이머가 되어야 대우받는 나라잖아. 그러니 워라밸은 딴 나라 얘기이지."

"그러면 어떻게 해야 하는 거야? 일을 안 하고 계속 놀면
되나?"

"놀면 뭐 하고 놀려고. 좋은 삶이라는 건 균형이지 어느 한
쪽으로 치우치는 게 아니야. 때론 힘들게 일하면서 진짜 내
모습을 마주하게 되는 거고. 어떤 때는 느슨하게 쉬고 노는
과정에서 일할 때 못 느꼈던 다양한 나를 느끼게 되는 거고."

"그럼, 중요한 건 나 자신을 찾는 거네. 일 속에서도 나를
찾고, 놀이와 생활에서도 나를 찾고."

"그래. 그렇게 나를 찾아가는 과정이 가능하도록 생계를 보
장해 주는 게 바로 최저임금 아닐까. 생계 걱정하다 보면 나
를 찾는 게 아니라 나를 잊게 되잖아."

"나도 이제 나를 찾아가겠어."

"빠이."

4차 산업혁명과 일자리에 대한 논의들이 많다. 한쪽에선 일자리가 사라질 것을 걱정하고 다른 한쪽에선 새로운 일자리에 대한 열광이 싹튼다. 상품과 서비스를 생산하는 방식도, 그것을 소비하는 방식도 달라지리란 점은 분명하다. 문제는 그 변화 속에서 노동자가 어떤 권리를 보장받아야 하는가에 대한 문제의식이 보이지 않는다는 점이다. 기술변화에 대한 열광만 있지 그 기술변화가 불러올 노동조건의 변화에 대한 고민은 부족하다.

플랫폼 노동자라는 그럴듯한 이름으로 불리지만 배달대행이나 대리운전 등에 종사하는 노동자들의 삶은 고되다. 이들은 앱 업체의 노동을 대신하지만 신분은 자영업자라 근로기준법 밖에 존재한다. 4차 산업시대는 전통적인 의미의 노사관계와는 다른 새로운 계약관계들을 계속 만들 것이다. 독일 정부는 노동 4.0이라는 새로운 노동정책을 이미 고민하고 있는데, 한국 정부는 얼마나 고민을 하고 있을까?

● Chapter 08

청소년은
당당한 노동자다

- ● 청소년에겐 최저임금이 최고임금이라니
- ● 늘어나는 수명, 줄어드는 일자리, 미래의 노동은?
- ● 그래도 희망은 정치!

청소년에겐 최저임금이 최고임금이라니

"삼촌, 오늘은 좀 본질적인 얘기를 해 보자."

"응, 본질? 그렇게 어려운 말을?"

"뭐, 지금까지 한 얘긴 누구에게나 다 적용되는 얘기였고 오늘은 우리 얘기 좀 해 보자."

"우리라 함은 너희 세대?"

"그렇지. 실제로 친구들 중에 최저임금 오른 뒤에 알바 잘린 애들이 많아. 일하는 애들은 알바비가 올라서 좋다고 하지만 잘린 애들은 또 나름 힘들거든. 꿀알바 하던 애들만 좋고 헬알바 하며 어떻게든 돈 벌려고 몸 쓰던 애들은 다 잘렸다고. 그래서 부익부 빈익빈 이런 얘기도 나와."

"자꾸 그런 단어 쓰지 마. 어색해. 좋다. 꿀알바란 무엇이냐?"

"편하고 돈 많이 받는 알바지."

"그런데 그런 알바 자리만 없어지겠니. 전체적으로 일자리 자체가 사라지고 있어. 그리고 예전에는 정규직, 비정규직이란 말이 없었다. 취직하면 그냥 거기가 평생직장이려니 했지. 그런데 지금은 평생은커녕 언제까지 일할 수 있을지도 몰라."

"그러게. 요즘은 문자로 해고를 통보하더라고."

"아침에 출근하려고 씻는데 문자로 더 이상 출근하지 않으셔도 돼요, 이런 문자가 와. 사람 기분이 어떻겠냐. 이 얼마나 비인간적인 사회냐."

"우울해. 삼촌 얘기를 들으니 더 우울해졌어. 어떻게 살지?"

"이왕 우울한 거 우리 한번 바닥을 쳐 보자. 너 예전에 삼촌이 대학에서 강의했던 거 알지? 그때 삼촌한테 뭐가 제일 힘들었는지 아니?"

"나는 모르지."

"앞이 보이지 않는다는 거야. 내가 이 대학에서 얼마나 더 강사 생활을 할 수 있을지 모르겠고, 내 수업을 듣는 학생들이 이 끝없는 경쟁에서 언제까지 버틸지도 모르겠고, 이 경쟁에서 살아남는다고 해도 앞으로 무슨 희망이 있는지도 모르겠고. '희망고문'이라는 말처럼 헛된 희망만 계속 품게 해서 삶의 고통을 더 연장시키는 건 아닌가, 이런 고민을 하다 내가 학교를 관뒀단 말이지.

희망이 안 보여. 청소년기에 좀 좋은 노동을 경험해야 하는데, 한국은 청소년노동이야말로 최악이지. 최저임금이 최고임금인 데다, 막말에 반말에, 심지어 폭력에 시달리기도 하고, 반박하면 바로 해고. 학교는 노동자가 될 청소년들에게 노동자의 권리를 가르쳐 주지 않고. 이렇게 시달리다 청년이 되면 일용직, 비정규직, 불안정한 노동에 시달리고."

"어쩌다 우리나라가 이 지경까지 온 거야?"

"뭐, 옛날이라고 안 그랬던 건 아니야. 그래도 옛날에는 인간이 그러면 안 된다는 최소한의 양심과 사회적인 압박이 있었는데 지금은 그마저도 돈에 밀려난 거지. 돈이면 다 된다는 사고방식. 지금이 특히 문제라기보다는 쭉 그렇게 사회가 변해 왔다고 봐. 그리고 사회 전체적으로 저임금 노동이 강요되면서 청소년노동의 가치가 보장받지 못한 거지."

"사실 돈도 돈이지만 대우가 너무 안 좋아. 제대로 쉬기도 어렵고 수당도 제대로 안 챙겨 주고."

"근로기준법에 있는 것처럼 근로계약서를 작성하고 휴식시간과 수당 등 노동조건을 분명하게 알려 주고 그다음에 일을 시작해야 하는데, 그걸 지키는 사장들이 거의 없어. '일자리를 준다'가 아니라 내가 필요해서 '노동자를 고용한다'라고 생각해야 하건만 그렇게 생각하지 않아. 잘못된 노동문화인 거지.

더구나 나이 많다고 반말하고, 사장이라고 맘대로 시키고,

임금을 받고 노동력을 파는 건데 인격을 파는 건 줄 알아. 노동은 근로계약에 따라 하는 거지 사람 보고 하는 게 아닌데 말이야. 서로 관계가 좋아진다고 해도 그게 노동 계약에 영향을 미칠 이유는 없다고."

"그렇지. 필요해서 고용을 하는 거면서 왜 자꾸 도와준다고 생각하는 건지 알 수가 없어. 일을 주는 게 무슨 도움을 주는 건 줄 아나 봐."

"정부 탓도 커. 법을 만들면 그 법을 반드시 지키도록 해야 하는데 경제가 어렵다는 핑계로 대충 봐준 거지. 그러니까 이제 법을 지키라고 해도 옛날엔 안 그랬는데, 이러면서 법을 안 지켜. 지켜지지 않는 법이 무슨 법이냐고. 노동 관련된 법률들이 대부분 그래. 기업들은 그냥 벌금 내고 말게요, 이런 식이야. 특히 대기업들이 그래. 그러니까 중소기업이나 자영업자들은 대기업도 안 지키는데 왜 우리들한테만 이러냐고 하고."

"요즘 배달대행 업체들 많잖아. 오토바이로 사고 나면 주인이 안 챙기고 우리 보고 알아서 하라고 해. 사고 나면 당연히 주인이 책임져야 하는 거 아냐?"

"당연하지. 애초에 일을 시작할 때 계약서를 꼼꼼하게 확인하고 사인을 해야 해. 4일 이상 치료가 필요할 경우 사장이 안 받아들여도 근로복지공단에 산재 신청을 하면 돼. 4일 미만의 치료일 경우에는 사장에게 치료비를 청구하고. 사고는 사업주 책임이라고.

임금도 문제지만 앞으로는 그런 게 더 큰 문제가 될지 몰라. 이른바 4차 산업시대의 새로운 일자리라는 게 아직 법 밖에 있는 것들이 많아서 이미 있는 법조차도 제대로 지켜지지 않을 가능성이 크거든.

너야 부모도 있고 학교도 다니지만 그렇지 않은 청소년들은 대체 앞으로 어떻게 살라는 거니. 그래서 너희들이 최저임금의 필요성과 중요성을 아는 게 중요해. 이건 권리라고. 비극적이지만 한국 같은 나라에서는 권리를 계속 요구해야 지켜지는 거야."

"그러다 잘리면 어떡해?"

"그러니 혼자서 싸우지 말고 같이 싸워야지."

"그런데 우리는 같이 싸워 본 경험이 별로 없는데. 어떻게 싸워야 하는지도 잘 모르고."

"그래서 교육이 중요해. 학교가 가르쳐야지. 국어, 영어, 수학만이 아니라 노동법을 가르치고, 경쟁이 아니라 같이 싸우는 법을 가르치고. 이런 얘기 하니 괜히 미안타. 우리가 제대로 못해서. 대신 삼촌이 같이 싸워 줄게."

늘어나는 수명, 줄어드는 일자리, 미래의 노동은?

"요즘은 우리가 일할 곳도 거의 없어. 편의점이나 주유소, 피시방에도 이젠 노인이나 대학생들이 알바를 해서. 택배 상하차 하는 곳은 그나마 일자리가 있지만 거긴 너무 힘들어. 좋은 알바 자리가 사라지고 있어."

"맞다. 불황의 여파가 점점 아래로 내려오는 거지. 그런데 그건 단지 일자리가 부족하기 때문만은 아니야. 전체적으로 인구가 고령화되고 평균수명이 연장되면서 일자리 수요는 늘어났는데 공급이 충분하지 않아 문제가 불거지는 거지.

한국처럼 사회복지제도가 안 되어 있는 곳에서는 각자 알아서 살아남아야 하니 보험이나 연금을 부으며 개인적인 준비를 하는데, 그걸로는 생활비를 대기 어려워. 받는 돈은 정해져 있는데 집값이나 물가는 계속 올라가니 뭐라도 일을 해야만 생계를 이어 갈 수 있는 사람들이 늘어났어."

"그러게. 백세 시대라는데 백 살까지 뭐 하고 살아. 십 대, 이십 대도 일자리가 없는데 팔십 대, 구십 대에게 자리가 있겠어.

그럼 일하지 않는 사람들은 어떡해? 일하는 사람들에게는 최저임금이 보장된다고 하더라도 일 자체가 없는 사람들은?"

"일자리의 수가 늘어나지 않는다면 결국 일자리를 나누는 수밖에 없지. 노력해서 안 되면 노오력하고, 잠을 줄여 더 열심히 일해야 한다고 강조하던 한국에서 노동시간을 줄여야 한다는 이야기가 최근에 처음 나온 건 이런 현상과 무관하지 않아."

"앞길이 막막한데 자기 일자리를 나누는 사람이 있을까?"

"그러니까 무조건 나누자고 하면 안 되지. 임금을 받지 못하는 사람은 사회보장을 받으며 일거리를 찾을 수 있고, 노인이 일하든 청년이 일하든 청소년이 일하든 최소한의 생계가 보장되는 사회를 만들어야 하는 거지. 그게 먼저야. 한국은 맨날 고통분담, 솔선수범 강조하는데 정작 고통을 나누는 데 앞장서야 할 사람들은 뒤로 빠져 있고 그 고통의 당사자들만 앞으로 나서게 되지.

지금까지 일이라는 것이 사회의 부를 생산하는 방법이었다면, 이제는 그 방법을 뒤집어서 이미 생산된 부를 나누어 일을 지속시키는 것도 가능하지 않을까?"

"그렇게 얘기하면 분명 싫어할 사람들이 있을 것 같은데."

"자, 생각해 보자. 일하는 사람들이 사라지면 기업주들은 어떻게 부를 생산할까. 기계가 물건을 무한정 만들어 주더라도 그걸 어디에 팔까. 예전에 말했듯이 경제라는 건 하나의 순환이야. 순환하지 않고 한 군데에서 막히면 무너지지. 그러니 그들의 딜레마도 있는 거야. 물론 요즘은 세계화 시대라 이 순환이 조금 더 복잡해졌지만 기본 구조는 같아."

"미래를 다룬 영화를 보면 필요한 인력만 관리하고 나머지는 지하세계에 방치되거나 벽으로 차단된 지역에 몰려 살거나 하던데, 그렇게 되는 건 아닐까?"

"그렇지. 일자리를 나누는 게 아니라 공간을 나눠서 이 세상을 더 암울하게 만들 수도 있지. 그러니까 우리가 지금 이런 이야기를 나누고 있는 것 아니겠어. 세상을 더 나쁘게 만들지 말자는 거지."

"그럼 삼촌은 앞으로 어떤 변화가 있더라도 일자리를 나누고 그 일자리의 최저임금을 보장해서 누구도 생계 때문에 자살하지 않는 사회를 만들자는 거지?"

"그런 셈이지. 가난하다는 이유로 삶을, 세상을, 희망을 포기하도록 강요하는 사회를 만들지는 말자는 거지."

그래도 희망은 정치!

"네덜란드에는 '근로시간조정법'이라는 게 있어. 2000년에 제정되었는데, 자기 필요에 따라 노동시간을 줄이거나 늘려 달라 요구할 권리를 노동자에게 보장하고 반대로 사용자에게 는 거부권을 제한했어. 즉, 노동자가 자기 노동시간을 정하고 그에 따른 임금을 받되 수당이나 사회보장, 직업훈련 기회 등은 평등하게 보장받는 거야. 한국에도 이런 변화가 필요해. 그리고 너희들에게는 이런 게 정말 꼭 필요하고."

"와, 유럽은 정말 좋은 사회구나. 그런 법도 있고."

"와, 좋은 사회다, 하지 말고 한국도 그런 사회로 만들어야 지. 그러려면 뭐가 우선일까? 그런 법과 제도를 만들 정치인 과 정당이 힘을 가져야 하겠지."

"음, 역시 결론은 정치인 건가. 내가 나설 수도 없고."

"내가 나서겠다는 각오로 해야 해. 남의 일이 아니잖아. 나 와 너, 우리 모두의 미래라고. 선거 때 그냥 기계적으로 투표 를 하는 게 아니라 진정으로 사회를 바꿀 정치적인 힘을 만들 어야 해.

그리고 투표연령이나 피선거권 연령도 낮춰야지. 언제까지

나이 든 아저씨들만 정치를 하게 둘 거야. 20대 국회의 평균 연령이 55.5세야. 역대 국회 중 최고령이야. 시간이 흐를수록 연령이 낮아져야 다음 세대의 고민이 정치에 반영될 텐데, 한

국은 거꾸로 가고 있어. 이러니 청소년이나 청년들의 목소리
가 정치에 반영될 수가 없지."

"정말, 55.5세가 뭐야. 완전 아저씨잖아. 여성 비율은?"

"여성의원은 전체의 17퍼센트야. 그나마 비례대표제도 덕에 이 정도 비율이 나온 거지."

"야, 딱 아재정치구나."

"20대 국회의원 평균 재산은 얼마인지 아니? 500억 원 이상의 자산가를 제외한 평균 재산이 약 20억 원이야."

"헐, 20억 원. 그러니 서민들의 삶을 알겠어."

"내 말이. 재산으로만 보면 국회의원들은 한국 사회 상위 1퍼센트야. 1퍼센트가 1퍼센트를 위한 정치를 하지 99퍼센트를 위한 정치를 하겠니."

"그럼, 우리 99퍼센트 안에서 정치인이 나오도록 해야 하는 건가."

"반드시 그런 건 아니겠으나 적어도 국회의 구성 비율이 한국 사회의 분포를 반영하도록 해야겠지. 연령별, 성별, 직업별, 재산별 평균을 말이야."

유럽의 청소년들이 노동법 개악에 반대하며 거리로 뛰쳐나오는 건 진보적이어서가 아니다. 그것이 자기 권리의 문제이기 때문에 그렇고, 사회도 청소년이 노동자임을 인정하기 때문에 그걸 당연히 받아들인다. 반면에 한국에서 청소년은 이미 노동자임에도 노동자임을 인정받지 못한다. 청소년은 학생이라는 신분으로 자꾸 탈색된다. 왜?

〈2017년 청소년 및 청년 아르바이트 노동실태〉 보고서에 따르면, 아르바이트를 하는 15~19세 청소년이 8.6퍼센트이다. 이들이 음식점 홀과 주방, 편의점 등에서 '이미' 일하고 있다. 그럼에도 이들 중 절반 이상은 근로계약서를 작성하지 않았고, 4분의 3은 청소년이라는 이유로 부당한 처우를 받고 있다. 임금을 받고 일하고 있음에도 왜 그들을 노동자로 인정하지 않는 것일까? 계약서를 작성하는 순간 노동자이고 정부와 사회는 그들의 기본적인 권리들을 보장해야 한다. 나이가 숫자에 불과하다면 말이다.

지금 시작하는 마음으로

"삼촌 덕분에 최저임금제도 공부 열심히 했네."

"나도 네 덕분에 공부 많이 했다. 예전에 정리했던 자료들도 찾아보고."

"이렇게 얘기를 주고받으며 공부를 하니 참 좋네."

"원래 공부란 건 이런 대화에서 비롯된…."

"네네, 하나를 물으면 열을 답해 주려는 우리 삼촌.

참, 마지막으로 최저임금제도가 완전무결한 제도가 아니라면 이런 건 앞으로 더 고민해야 한다는 거 없어? 과제랄까, 숙제랄까."

"그런 건 이미 논의가 되고 있는데, 마무리하는 차원에서 몇 개만 정리해 볼까?

최저임금법 제7조와 최저임금법 시행령 제6조에 따르면, 사용자가 고용노동부 장관의 인가를 받으면 정신 또는 신체의 장애가 업무수행에 심각한 지장을 주는 사람에 대해 최저임금 적용을 제외할 수 있어. 즉, 장애인은 최저임금에서 배제되는 거지."

"장애인이라고 생계의 어려움이 없나."

"장애인의 경우 생계가 더 어렵지. 그런데 왜 배제하냐고. 오히려 더 챙겨야지. 한국은 비장애인 중심의 사회이고 비장애인의 속도에 노동 속도를 맞추려고 하니 장애인들의 노동은 부차적인 것으로 평가를 받아. 그렇지만 장애의 성격에 따라 특정한 노동은 비장애인과 다를 바 없이 가능하다고.

정부도 이런 문제를 인식해서 2020년부터는 작업능력이 비장애인의 70퍼센트에 미치지 않아야 최저임금 적용제외 인가를 받을 수 있도록 하고, 중증장애인의 적정수준 임금을 결정해서 사업주의 지불능력이 부족할 경우 정부가 지원할 예정이라고 해. 예산이 뒷받침되고 실제로 실시해야 그 결과를 알 수 있겠지만."

"그래도 정부가 문제를 인식하고 있는 건 다행이네."

"그렇지. 그리고 요즘은 최저임금 차등적용 논란이 일어나고 있어. 업종별, 지역별, 국적별로 최저임금을 차등적용 해야 한다는 주장이야. 최저임금위원회에서도 논쟁이 되는 부분인데, 가령 사용자위원들은 음식과 숙박업, 도소매업 등에 대해 다른 업종보다 낮은 최저임금을 적용해야 한다고 주장하고 있어. 소상공인들의 어려움을 고려해 달라는 건데, 이렇게 하면 어떤 업종은 저임금 업종이 되고 그곳에서 일하는 노동자들에게도 등급이 매겨진다는 이유로 노동자위원들은 반대하고 있어. 나도 업종별로 차등하는 건 좀 문제가 있다는 생각이야. 예를 들어, 제주도는 지금도 전국에서 가장 임금인상률이 낮은 지역인데 차등적용을 해 버리면 관광지 특성상 아마 임금이 더 낮아질 텐데 그게 합법적으로 인정되는 거야. 이게 좋은 일일까?

그리고 지역별로 물가가 다르고 임금 수준도 차이가 나기 때문에 각 지역이 자율적으로 최저임금을 결정해야 한다는 주장도 있어. 미국의 경우 연방정부가 연방최저임금을 정하면 각 주들이 연방최저임금 이상으로 최저임금을 결정해. 일본도 4개 권역으로 최저임금을 정하고 있고. 그런데 미국은 연방국가라서 사실상 연방정부가 각 주들의 연합체라 그런 거고, 일본은 한국보다 중앙집중성이 떨어지고 분권적인 나라야. 한국처럼 중앙집권적인 국가에서 최저임금만 지역별로 결정한다는 건 좀 이상하지. 그리고 최저임금이 낮은 지역에

사는 노동자들은 높은 지역으로 이주하려고 할 테니, 지금도 수도권 집중현상이 심각한데 더 심해지지 않겠어. 이것도 별로야.

또 외국인노동자들에게 최저임금을 차등적용 해야 한다는 주장도 있어. 외국인노동자들의 생산성이 한국인보다 떨어지니 일정 기간 최저임금을 적용하지 않는 수습기간을 도입해야 한다는 거지. 하지만 전 세계적으로 외국인노동자라는 이유로 차등적용 하는 경우는 없어. 한국의 근로기준법이나 여러 법률들도 국적을 이유로 차별해서는 안 된다고 금지하고 있고. 그러니 이건 시대를 거스르겠다는 발상인 거지. 지금도 외국인노동자들이 공장이나 농촌에서 차별을 겪고 있는데 말이야."

"와, 쉽지 않네. 제도 하나에 엄청 다양한 의견들이 있네. 복잡하구먼."

"복잡하지만 하나씩 고민하며 그 답을 찾아야 해. 무조건 안 된다고 할 수도 없고 그렇다고 무조건 허용할 수도 없고.

앞으로 우리가 살아가야 할 세상은 지금껏 살아온 세상과 많이 다를 거야. 그래서 예전엔 이랬네, 그러니 이래야 해, 이런 지식들이 별로 쓸모없을지도 몰라. 한마디로 새로운 지식,

새로운 지혜가 필요한 거지. 이건 내가 아니라 네 머리와 경험에서 나와야 해."

"갑자기 확 부담스럽네."

"그러게. 나도 부담스럽다. 하지만 어쩌겠냐. 같이 헤쳐 나갈 수밖에. 너는 어떤 세상에 살고 싶니?"

"갑자기 훅 들어오는 질문. 글쎄, 구체적인 건 잘 모르겠고 좀 평등한 세상이면 좋겠어."

"흠, 한국에서 가장 만들기 어려운 세상이네. 아마도 최저임금이 그 밑거름이 될 거야. 물론 그것만으로는 부족하지. 정치, 경제, 문화에 손대야 할 게 너무 많아. 그래도 언제나 지금 이것에서부터 시작한다는 마음으로. 삼촌도 무엇을 같이할 수 있을지 고민해 볼게."

"음, 갑자기 진지하게 잘해 준다니 어색하네. 나도 고민해 볼게."

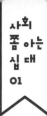

사회 쫌 아는 십대 01

까칠한 백수 삼촌의 최저임금 막강의
최저임금
쫌 아는 10대

초판 1쇄 발행 2019년 3월 29일
초판 5쇄 발행 2021년 11월 15일

지은이 하승우
그린이 방상호
펴낸이 홍석
이사 홍성우
인문편집팀장 박월
편집 박주혜
디자인 방상호
마케팅 이송희 · 한유리
관리 최우리 · 김정선 · 정원경 · 홍보람 · 조영행

펴낸곳 도서출판 풀빛
등록 1979년 3월 6일 제2021-000055호
주소 07547 서울특별시 강서구 양천로 583 우림블루나인 A동 21층 2110호
전화 02-363-5995(영업), 02-364-0844(편집)
팩스 070-4275-0445
홈페이지 www.pulbit.co.kr
전자우편 inmun@pulbit.co.kr

ISBN 979-11-6172-732-5 44300
ISBN 979-11-6172-731-8 44080 (세트)

이 도서의 국립중앙도서관 출판예정도서목록(CIP)은 서지정보유통지원시스템
(http://seoji.nl.go.kr)과 국가자료종합목록 구축시스템(http://kolis-net.nl.go.kr)에서
이용하실 수 있습니다.(CIP제어번호 : CIP2019007986)

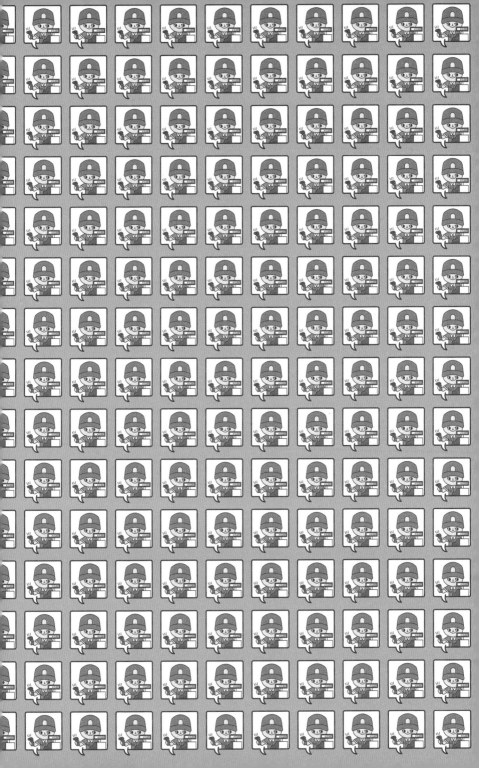

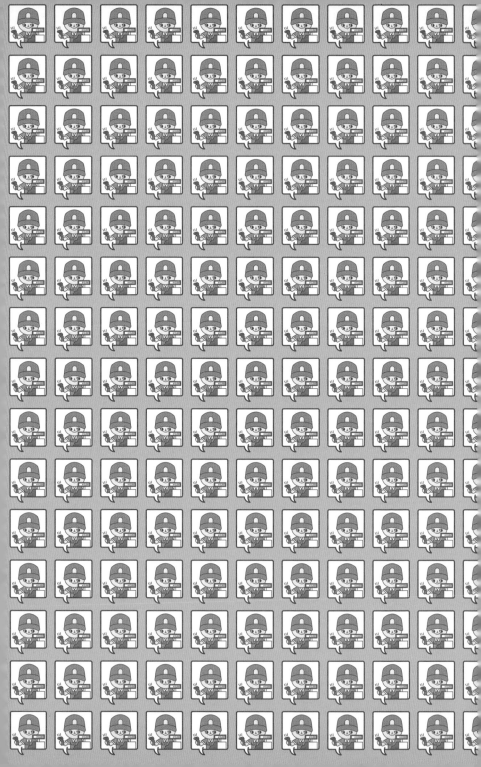